AS REGRAS DA VIDA

Roberto, Marina e Rhauer

Brasília, Out 2008

AS REGRAS DA VIDA

100 princípios universais para aprender a arte de viver bem

RICHARD TEMPLAR

SEXTANTE

Título original: *The Rules of Life – A personal code for living a better, happier, more successful kind of life*

tradução
William Lagos
preparo de originais
Rachel Agavino
revisão
José Tedin Pinto
Luis Américo Costa
Tereza da Rocha
projeto gráfico e diagramação
Valéria Teixeira
capa
Miriam Lerner
pré-impressão
ô de casa
impressão e acabamento
Geográfica e Editora Ltda.

CIP-BRASIL. CATALOGAÇÃO-NA-FONTE
SINDICATO NACIONAL DOS EDITORES DE LIVROS, RJ

T28r Templar, Richard, 1950-2006
As regras da vida / Richard Templar [tradução William Lagos]. – Rio de Janeiro: Sextante, 2008.

Tradução de: The rules of life
ISBN 978-85-7542-363-9

1. Conduta. 2. Felicidade. 3. Relações humanas. 4. Qualidade de vida. I. Título.

CDD 158.1
08-0145 CDU 159.947

Rua Voluntários da Pátria, 45 – Gr. 1.404 – Botafogo
22270-000 – Rio de Janeiro – RJ
Tel.: (21) 2286-9944 – Fax: (21) 2286-9244
E-mail: atendimento@esextante.com.br
www.sextante.com.br

Este livro é dedicado a Miyamoto Musashi,
que me ensinou a estratégia da simplicidade,
e a Jamie Greenwood, com quem
aprendi a economia de movimentos.
Tenho uma enorme dívida com os dois.

Sem medo.
Sem surpresa.
Sem hesitação.
Sem dúvidas.

SUMÁRIO

INTRODUÇÃO

Por uma série de razões complicadas demais para serem explicadas aqui, eu tive de morar com meus avós durante alguns anos quando era garoto. Como muita pessoas de sua geração, eles davam duro, mas eram felizes. Meu avô se aposentara prematuramente por causa de um acidente de trabalho – a carga de um caminhão de tijolos caiu em cima de um de seus pés –, e minha avó era funcionária de uma grande loja de departamentos em Londres. Num primeiro momento, minha chegada inesperada lhe causou problemas logísticos. Eu era pequeno demais para ir à escola, e ela não queria me deixar em casa com meu avô (naquela época os homens não cuidavam de crianças... meu Deus, como as coisas mudaram!). A solução que minha avó encontrou foi me colocar debaixo de suas asas e me levar para o trabalho – ela me contrabandeava loja adentro, às escondidas dos gerentes e supervisores.

Ir para o trabalho com vovó era divertido, só que eu tinha de ficar quietinho, sem fazer barulho, durante longos períodos. Descobri que, se ficasse observando os clientes do meu refúgio, embaixo de uma imensa escrivaninha, conseguiria passar o tempo de uma forma bem agradável. Foi assim que nasceu meu imenso apetite por observar as pessoas e ver como elas se comportam.

Mais tarde, quando voltei a morar com minha mãe, ela sempre dizia que ficar bisbilhotando os outros nunca me levaria a lugar nenhum. Não tenho tanta certeza disso. Logo no início da carreira, meu senso de observação me ajudou a identificar os comportamentos que levavam as pessoas a serem promovidas. Por exemplo, se houvesse dois funcionários com as mesmas qualificações, mas um deles se vestisse, pensasse e se comportasse como se já ocupasse um cargo mais elevado, ele seria o favorecido quando houvesse uma promoção. Ao colocar em prática esses comportamentos, consegui subir rapidamente a escada corporativa. O conjunto dessas boas características que observei nas outras pessoas forma a base do meu primeiro livro: *As regras do trabalho.*

Assim como se pode determinar os comportamentos que facilitam a ascensão profissional, também é possível identificar as atitudes capazes de melhorar a vida de modo geral. As pessoas parecem se dividir em dois grupos: as que dominaram a arte de viver bem e as que ainda encaram a vida como uma luta diária. Quando falo das pessoas que "dominaram a arte de viver bem", não me refiro simplesmente às que acumularam riquezas ou bens materiais ou chegaram ao topo em uma carreira altamente competitiva. Não, estou pensando em algo que hoje está um pouco fora de moda mas que meus avós batalhadores compreendiam sem dificuldade. Uma vida bem-sucedida significa se sentir satisfeito durante a maior parte do tempo, ter saúde e viver um dia de cada vez, usufruindo ao máximo as pequenas coisas. Aqueles que consideram seu cotidiano uma eterna luta tendem a não ser tão felizes e a não enxergar os simples prazeres da vida.

Então, qual é o segredo? Tudo é apenas uma questão de escolha. Algumas decisões que tomamos acabam nos deixando infelizes, enquanto outras podem aumentar a nossa felicidade. Observando as pessoas, cheguei à conclusão de que, se seguirmos algumas regras básicas da vida, teremos mais chance de realizar coisas, superar as adversidades, obter melhores resultados e espalhar um pouco de felicidade pelo caminho. As pessoas que seguem essas regras parecem atrair boa sorte e iluminar os lugares por onde passam. Elas demonstram maior entusiasmo pela vida e enfrentam as dificuldades mais facilmente.

Este livro reúne as minhas *regras da vida.* Elas não foram gravadas em pedra, não são secretas nem difíceis de aplicar no nosso dia-a-dia. São baseadas inteiramente em minhas observações sobre o comportamento de pessoas felizes e bem-sucedidas, que seguem a maioria dessas regras com naturalidade, sem perceber o que estão fazendo. Por outro lado, os indivíduos menos instintivos sentem que está faltando alguma coisa e vivem à procura desse algo milagroso que dará um novo significado à sua existência ou preencherá seu vazio interior. A resposta costuma estar dentro de nós – basta efetuar algumas simples mudanças em nosso comportamento.

Será que é tudo assim tão fácil? É claro que não. Viver de acordo com as *regras da vida* nunca é fácil. Tem que ser difícil para valer a pena. Mas cada uma delas, individualmente, é simples de seguir. Você pode ser ambicioso e decidir colocar todas em prática de uma só vez, ou escolher uma ou duas e começar por elas. Como eu fiz? Não, eu nunca consegui seguir todas à risca, nunca mesmo. Já me desviei do caminho inúmeras vezes, mas sei o que fazer para retomar o rumo certo e dar sentido à minha vida outra vez.

Todas as regras são sensatas. Pessoalmente, gosto de conselhos que comecem com "Vá com calma", só não sei exatamente como colocá-los em prática. Já um conselho do tipo "Engraxe os sapatos antes de sair" me parece fazer mais sentido, porque sei executar essa tarefa e posso compreender sua lógica de imediato: sapatos bem engraxados causam melhor impressão do que calçados sujos e arranhados.

Na verdade, este livro não entra no mérito dos sapatos engraxados. Simplesmente usei esse exemplo porque acredito que seja melhor apresentar regras realistas que podem ser postas em prática do que clichês que talvez até tenham um fundo de verdade – "O tempo é o melhor remédio" ou "O amor sempre vence" – mas não geram resultados concretos.

O que você vai encontrar nestas páginas é puro bom senso. Este livro não é uma revelação, é um lembrete, cujo objetivo é fazer você lembrar que as *regras da vida* são universais, óbvias e simples. Comece a utilizá-las e verá que funcionam.

Mas, como explicar o fato de algumas pessoas não as empregarem e, mesmo assim, alcançarem o sucesso? Todos nós conhecemos indivíduos cruéis, desagradáveis e ditatoriais que subiram na vida. Também é possível chegar lá assim, mas presumo que você deseje dormir com a consciência tranqüila, sentir-se em paz consigo mesmo e ser uma pessoa boa. Mais uma vez, é uma questão de escolha. Decidimos diariamente de que lado queremos ficar: dos bandidos ou dos mocinhos. As regras da vida podem ajudar você a escolher o lado certo, porém não são obrigatórias. Toda noite gosto de recapitular o que fiz durante o dia e me sinto mais leve quando constato que fui gentil com as pessoas em vez de feri-las, espalhei um pouco de felicidade ao meu redor e, numa escala de 1 a 10, meu comportamento esteve mais próximo do 10 do que do 1.

As regras da vida não é um manual para quem deseja ganhar rios de dinheiro ou se tornar extremamente bem-sucedido nos negócios (se é isso que você quer, deve ler *As regras do trabalho*). Os princípios apresentados aqui se referem aos seus sentimentos, à maneira como afeta as pessoas ao seu redor, ao tipo de amigo, sócio ou pai que você quer ser, ao impacto que pode causar sobre o mundo e à impressão que vai deixar com a sua passagem.

Richard Templar

REGRAS PARA VOCÊ

Dividi as regras da vida em cinco áreas – você, seu companheiro ou sua companheira, sua família, seu grupo social (incluindo trabalho e amigos) e o mundo – a fim de representar os cinco círculos que todos nós desenhamos inconscientemente ao nosso redor.

Vamos começar pelo mais importante: as regras pessoais, para nós mesmos. São elas que nos ajudam a levantar da cama todas as manhãs, enfrentar o mundo com uma atitude positiva e atravessar com segurança e sucesso cada dia, não importa o que aconteça. E que podem reduzir nossos níveis de tensão, nos dar a perspectiva correta e nos encorajar a estabelecer nossos próprios padrões e determinar nossos objetivos.

Essas regras terão de ser adaptadas levando em conta a criação, a idade e a situação atual de cada um. Todos nós precisamos adotar determinados padrões, que podem variar de pessoa para pessoa, mas é vital ter algum parâmetro. Sem isso, ficamos à deriva e somos incapazes de monitorar o que estamos fazendo. Ao estabelecer padrões, passamos a ter um núcleo forte, um centro para o qual podemos retornar a fim de recuperar nossas energias. Eles são os marcos para avaliar nosso progresso.

Mas as regras não se resumem a estabelecer padrões. Também visam motivar, divertir e nos permitir aproveitar melhor a vida.

REGRA 1

SEJA DISCRETO

Você está prestes a se transformar em um jogador que segue as regras. Se aceitar essa missão, vai embarcar numa aventura capaz de modificar sua vida. E descobrirá maneiras de agir positivamente e de se tornar mais feliz e bem-sucedido em tudo o que fizer. Mas você não deve sair por aí alardeando isso. Fique na sua. Ninguém gosta de sabichões que se julgam donos da verdade. Portanto, esta é a primeira regra: *Seja discreto.*

Em alguns momentos você ficará tentado a falar com os outros sobre o que está fazendo, porque desejará compartilhar suas descobertas. Só que você não pode e não vai fazer isso. Deixe que eles tirem suas conclusões sozinhos. Talvez você considere essa atitude injusta, mas na realidade é mais justa do que você pensa. Se ficar dando dicas e conselhos, as pessoas vão se afastar de você. E com toda a razão – todo mundo detesta ouvir sermão. Podemos traçar um paralelo com uma pessoa que pára de fumar, passa a praticar esportes e, de repente, decide converter todos os seus velhos amigos fumantes a esse modo de vida saudável. O problema é que eles ainda não estão preparados para deixar de fumar e nem ao menos querem dar o primeiro passo. Logo o amigo bem-intencionado será rotulado de chato, convencido ou – o que é ainda pior – ex-fumante.

Então, lembre-se: "Não pregue, não divulgue, não tente converter ninguém – nem mesmo mencione essas regras."

Você vai ganhar um brilho novo ao mudar suas atitudes diante da vida, mas, se lhe perguntarem o que você fez ou está fazendo, diga que não é nada, apenas está feliz com o dia ensolarado ou se sentindo melhor, mais alegre, cheio de vida ou qualquer coisa assim. Não há necessidade de entrar em detalhes, porque as pessoas não querem realmente saber a verdade. É mais ou menos a mesma coisa que acontece quando alguém lhe pergunta: "Como vai?" A resposta esperada é um simples "Bem, obrigado". Mesmo que você esteja passando por uma profunda crise de depressão, o que seu interlocutor quer escutar é que está tudo bem, porque qualquer outra resposta exigiria um envolvimento emocional da parte dele. E infelizmente as pessoas não estão dispostas a se envolver. Querem seguir em frente, tratar de seus próprios interesses e fim de papo. Se você resolver chorar suas mágoas, elas vão desaparecer o mais rápido que puderem.

O mesmo se aplica ao fato de você ter se tornado um jogador que segue as regras. Ninguém está interessado nisso, portanto fique na sua. Como é que eu sei disso? Porque, quando escrevi *As regras do trabalho*, ensinando às pessoas algumas habilidades necessárias para alcançar sucesso em sua carreira, sugeri essa estratégia e descobri que funcionava. Simplesmente siga em frente, empregue as regras com discrição e aproveite sua vida, sem ter de contar nada para ninguém.

> "Não pregue, não divulgue – nem mesmo mencione essas regras."

R E G R A 2

VOCÊ VAI FICAR MAIS VELHO, MAS NÃO NECESSARIAMENTE MAIS SÁBIO

As pessoas acreditam que, ao envelhecer e adquirir experiência, automaticamente se tornarão mais sábias. Sinto muito, mas isso não é verdade. Em geral, continuamos sendo tão tolos quanto antes e fazendo uma porção de besteiras. Podemos aprender com a experiência e não cometer os mesmos erros, mas sempre existirá um suprimento bastante grande de erros novos, esperando a primeira oportunidade para nos passar a perna e nos derrubar. O segredo é aceitar esse fato e não ficar se recriminando a cada vez que errar. Seja gentil com você quando fizer alguma bobagem. Perdoe a si mesmo e aceite que isso faz parte da vida: você está ficando velho, mas nem um pouco mais sábio.

Quando olhamos para trás, conseguimos identificar nossas falhas, mas com freqüência deixamos de perceber as armadilhas que estão à nossa frente. A sabedoria não consiste em não cometer erros, e sim em descobrir a melhor maneira de sobreviver a eles, mantendo intactas nossa sanidade e nossa dignidade.

Quando somos jovens, ficar velho parece uma coisa que só acontece com nossos avós. Mas a velhice acaba chegando para todos nós e não temos escolha senão abraçá-la e seguir em frente. Não importa o que fizermos, vamos envelhecer. E, à medida que a idade avança, mais rápido parece ser esse processo.

Podemos encarar a questão da seguinte forma: quanto mais velhos ficamos, mais problemas já enfrentamos em diversas áreas. Mas sempre haverá situações em que não saberemos como agir e acabaremos tomando decisões equivocadas, entenderemos tudo errado ou entraremos em pânico sem necessidade. Quanto mais flexíveis e aventureiros formos, quanto mais estivermos dispostos a abraçar a vida, mais avenidas teremos para explorar e, naturalmente, mais oportunidades de cometer erros também.

Desde que você esteja atento aos erros do passado e empenhado em não repeti-los, não há muito mais a fazer. Mas não se esqueça: se uma regra serve para você, também se aplica a todos ao seu redor. Como você, seus parentes e amigos estão ficando mais velhos, e nenhum deles está se tornando particularmente mais sábio. Quando aceitar isso, terá maior capacidade de perdoar e será mais gentil com os outros e consigo mesmo.

Por fim, realmente o tempo cura tudo e as coisas melhoram com a idade. Afinal de contas, quanto mais erros você cometeu ao longo da vida, menor a probabilidade de se deparar com outros diferentes. A melhor coisa é cometer a maior quantidade de equívocos e superá-los enquanto se é jovem, porque assim haverá menos para aprender mais tarde. A juventude é uma oportunidade para que você faça todas as bobagens a que tem direito, a fim de tirá-las do seu caminho.

"A sabedoria não consiste em não cometer erros, e sim em descobrir a melhor maneira de sobreviver a eles, mantendo intactas nossa sanidade e nossa dignidade."

REGRA 3

O QUE ESTÁ FEITO ESTÁ FEITO

Todo mundo erra – em alguns casos, seriamente. Mas, com freqüência, os erros não são intencionais nem direcionados a você. Muitas vezes, as pessoas simplesmente não têm idéia do que estão fazendo. Isso significa que, se no passado alguém se comportou mal com você, não foi necessariamente porque queria prejudicá-lo, mas porque era tão ingênuo, tolo ou humano quanto qualquer um de nós. Se seus pais não lhe proporcionaram uma infância feliz, se o maior amor da sua vida o enganou ou se seu chefe não demonstrou respeito ao demiti-lo, isso não significa que todas essas pessoas quisessem deliberadamente magoar você. Talvez não soubessem agir de outra forma.

Se você quiser, pode se libertar do ressentimento, do remorso e da raiva. Mas tem de aceitar que é um ser humano maravilhoso *por causa* de todas as coisas ruins que lhe aconteceram e não *apesar* delas. O que está feito está feito, e você precisa seguir em frente. Pare de rotular tudo de "bom" ou "mau". Sei que algumas experiências são péssimas, mas o que é realmente terrível é o modo como as deixamos nos afetar. Se você permitir, as coisas ruins vão corroê-lo por dentro, deprimi-lo, fazer com que fique doente, ressentido e incapaz de avançar. Mas você tem escolha. Pode deixar tudo isso de lado, considerar os percalços como formadores de caráter e encarar os acontecimentos, de modo geral, como positivos em vez de negativos.

Considerando todos os aspectos, eu tive uma infância cheia de problemas, o que, durante um bom tempo, me deixou ressentido.

Culpei minha criação por todos os meus defeitos e fraquezas. Mas, assim que aceitei que o que estava feito estava feito e que só dependia de mim perdoar tudo e tocar minha vida para a frente, as coisas melhoraram significativamente. Mas essa não foi a estrada que meus irmãos escolheram, e pelo menos um deles continuou a alimentar sua mágoa até que ela o dominou completamente.

Em busca de uma vida mais plena e feliz, tomei a decisão de abraçar todos os acontecimentos ruins do meu passado como uma parte importante de mim mesmo e segui em frente. Quis utilizá-los como um combustível que me conduzisse ao futuro. Desde que resolvi encará-los como positivos, não consegui mais me imaginar sem essas vivências. Se pudesse voltar no tempo, não mudaria nada. Sim, foi difícil ter sido o garoto que fui, ter levado a vida que levei, mas tudo isso contribuiu para que eu me tornasse o que sou hoje.

Houve uma mudança crucial na minha vida quando percebi que, mesmo se eu conseguisse reunir diante de mim todas as pessoas que "me fizeram mal", não haveria nada que elas poderiam fazer. Eu poderia gritar com elas, repreendê-las, insultá-las e ainda assim não teriam condições de reparar o que fizeram. Elas também precisam aceitar que o que está feito está feito. É impossível voltar atrás, só podemos avançar. Este deve ser o lema da sua vida: siga sempre em frente.

> "O que está feito está feito,
> e você precisa seguir
> em frente."

REGRA 4

ACEITE-SE COMO VOCÊ É

Se você aceitar que o que está feito está feito, o que resta é você mesmo, exatamente como é. Não é possível mudar o passado, então você terá de trabalhar com aquilo de que dispõe. Não estou sugerindo nada tão ambicioso como o ideal Nova Era: "Ame a si mesmo." Não, vamos começar com a simples aceitação. Você não precisa melhorar, mudar ou tentar ser perfeito. Pelo contrário, apenas se aceite.

Isso significa aceitar seus pontos negativos, suas feridas emocionais, suas fraquezas e todo o resto. Mas não significa ficar satisfeito com tudo a seu respeito nem se tornar indolente e viver uma péssima vida. O que devemos fazer é primeiro aceitar a maneira como somos e então começar a construir a partir daí. O que *não* devemos fazer é nos castigar porque não gostamos de algumas de nossas características. Há muita coisa que podemos mudar, mas isso vem depois. Ainda estamos na *regra 4!*

Você – como eu, como todos nós – é humano. Isso o torna um ser muito complexo, cheio de desejos, angústias, pecados, às vezes mesquinharias, falhas, mau gênio, grosserias, desvios, hesitações e repetições. É essa complexidade que faz com que o ser humano seja tão maravilhoso. Nenhum de nós jamais será perfeito. Começamos com o que temos e com quem somos e só então podemos tentar, a cada dia, melhorar de alguma forma. Isso é tudo o que se pode exigir de nós – essa escolha. Permanecer despertos e conscientes, sempre preparados para fazer a coisa certa. E aceitar que, algumas vezes, nós não vamos acertar.

Eventualmente você também vai fracassar, mas não precisa ficar se recriminando. Levante, sacuda a poeira e comece tudo de novo.

"Você não precisa melhorar, mudar ou tentar ser perfeito. Pelo contrário, apenas se aceite."

REGRA 5

SAIBA DISTINGUIR O QUE É IMPORTANTE DO QUE NÃO É

Estar presente é importante. Ser gentil e atencioso também. Viver cada dia sem ofender ou ferir ninguém é igualmente importante. Ter a mais moderna tecnologia ao seu dispor não é.

Não me entenda mal, não tenho nada contra essas novidades. Para falar a verdade, não resisto à maioria dos avanços tecnológicos. Mas não confio demais em nenhum deles e os encaro meramente como instrumentos úteis ao meu trabalho, sem lhes atribuir um valor intrínseco ou considerá-los símbolo de status ou superioridade.

Fazer algo de útil com sua vida é importante. Ir ao shopping só porque está entediado não é. Lógico que não há nada demais em fazer compras, mas saiba discernir o que tem valor ou não, o que traz algum benefício ou não. Isso não quer dizer que você deva abrir mão de todo o luxo e conforto e mudar-se para o meio do nada a fim de assistir os desfavorecidos – isso, com certeza, *é importante*, mas você não precisa chegar a tais extremos a fim de dar um significado à sua própria vida.

Esta regra mostra como é necessário se concentrar no que é importante para você e para a sua existência, realizando mudanças positivas para garantir sua satisfação com seus objetivos de vida (veja a regra 6). Isso não quer dizer que você precise elaborar minuciosos planos de longo prazo, e sim saber em linhas gerais o que está fazendo e para onde isso o conduzirá.

Há algumas coisas nesta vida que são importantes e outras tantas que não são. Não é necessário um grande senso crítico para descobrir o que é o quê. Na realidade, temos à nossa disposição muito mais opções de coisas sem importância ou real significado. Não estou dizendo que precisamos abolir todas as trivialidades de nossa vida; simplesmente não devemos confundi-las com o que é realmente fundamental. Conviver com seus amigos e com as pessoas que você ama é essencial; assistir ao seriado da moda, não. Pagar uma dívida é relevante; a marca do sabão em pó que você usa, não. Alimentar bem seus filhos e lhes ensinar valores morais é fundamental; vesti-los com roupas de grife, não. A idéia é essa, você já entendeu. Pense nas coisas importantes que você faz – e dedique mais tempo a elas.

"É necessário se concentrar no que é importante para você e para a sua existência, realizando mudanças positivas para garantir sua satisfação com seus objetivos de vida."

R E G R A 6

TENHA UM PROPÓSITO DE VIDA

Para compreender o que é importante e o que não é, você deve ter clareza sobre sua missão de vida. Naturalmente essa é uma escolha muito pessoal, em que não existe certo ou errado, mas é fundamental que você saiba o que quer.

Minha vida foi orientada por duas coisas: (1) certa vez alguém me disse que, se minha alma fosse tudo o que eu levaria comigo quando partisse desta para melhor, então ela deveria ser a melhor coisa que eu tinha; (2) a maneira inusitada como fui criado.

O comentário sobre a alma despertou minha atenção, mas não de modo religioso. Interpretei-o da seguinte maneira: seja lá o que for que eu leve desta vida, deve ser algo a que tenha me dedicado, para ter certeza de que é realmente o melhor que tenho a oferecer. Mas, como é que se faz isso? Continuo até hoje buscando a resposta. Já explorei e experimentei, aprendi e cometi erros, busquei novos caminhos e segui os que haviam sido abertos por outros, li, observei e me debati com esse problema ao longo dos anos. De que maneira você pode melhorar sua própria vida nesse nível? A única conclusão a que cheguei foi que deveria viver do modo mais decente possível, causando o mínimo de dano ao meu redor e tratando todos com respeito e dignidade. Esse é um propósito a que posso dedicar minha vida e, para mim, tem servido até hoje.

E como a minha criação contribuiu para que eu estabelecesse meus objetivos? Bem, ao decidir buscar motivação nos problemas da infância em vez de deixá-los me afetar negativamente, percebi que muitas outras pessoas precisavam se livrar do sentimento de que tinham sido terrivelmente prejudicadas pelas experiências por que passaram. Resolvi dedicar minha vida a isso. Sim, pode ser loucura, mas tenho alguma coisa em que me concentrar, algo que, para mim, é importante.

Eu não ando por aí alardeando meus objetivos de vida. Mas, no fundo do meu coração, sei que tenho alguma coisa a que devotar minha atenção. É um padrão segundo o qual eu posso medir o que estou fazendo, como estou me saindo e para onde estou indo. Não é preciso contar a ninguém sobre isso nem sequer pensar muito no assunto. Basta uma declaração de missão interior. A missão da Disney, por exemplo, é "*Tornar as pessoas felizes*". Escolha o propósito a que pretende dedicar sua vida. Isso torna o resto muito mais fácil.

> "É um padrão segundo o qual eu posso medir o que estou fazendo, como estou me saindo e para onde estou indo."

REGRA 7

SEJA FLEXÍVEL

No instante em que seu pensamento se tornar cristalizado, rígido, totalmente formado, você terá perdido a batalha. No momento em que você pensar que tem todas as respostas, será melhor pendurar as chuteiras. Na hora em que você estabelecer definitivamente todos os seus comportamentos e reações, já fará parte da história.

Para aproveitar sua vida ao máximo, você deve deixar todas as suas opções em aberto e ter tanto pensamentos como atitudes flexíveis. Precisa estar pronto para balançar quando vier a tempestade – e o pior é que ela sempre cai quando você menos espera. Se estabelecer um padrão rígido para a sua vida, poderá acabar sendo empurrado para longe de seu curso. O pensamento flexível é uma espécie de arte marcial da mente – você tem de estar sempre pronto para se esquivar e balançar, desviar e fluir. Tente encarar a vida não como um inimigo, mas como um treinador amigável e cordial com quem você deve aprender a lutar. Se você for flexível, vai se divertir bastante com o treino. Mas, se fincar os pés no chão, sem querer sair do lugar, é provável que sofra alguns golpes.

Todos nós estabelecemos padrões em nossas vidas. Gostamos de nos rotular disso ou daquilo e temos orgulho de nossas opiniões e crenças. Lemos determinado jornal, assistimos a certo gênero de programas na TV ou filmes no cinema, compramos quase sempre nas mesmas lojas, comemos o tipo de comida que nos agrada, temos um estilo de nos vestir. Até aí tudo bem. Mas, se cortarmos nosso acesso a todas as outras possibilidades, vamos nos tornar rígidos, aborrecidos.

Você precisa encarar a vida como uma série de aventuras. Cada uma oferece uma oportunidade de se divertir, aprender algo novo, explorar o mundo, expandir seu círculo de amizades e ampliar seus horizontes. Se nos fecharmos às experiências, o resultado será exatamente este: ficaremos fechados.

Quando lhe oferecerem uma chance de viver uma nova aventura ou mudar sua forma de pensar, agarre-a e veja o que acontece. Se isso o deixa assustado, lembre-se de que sempre é possível voltar para sua concha depois, se tiver vontade.

Nenhuma regra – nem mesmo dizer "sim" às novas oportunidades – deve ser gravada em pedra, porque isso também seria inflexível. Aqueles que têm uma mente realmente aberta sabem quando dizer "não" e quando dizer "sim".

Se você deseja verificar até que ponto seu pensamento é flexível, faça dois testes simples. Os livros que estão em sua mesa-de-cabeceira são do mesmo gênero que você sempre leu? Por acaso, você se flagrou recentemente dizendo algo como "Eu não conheço esse tipo de pessoa" ou "Nunca vou a esse tipo de lugar"? Em caso positivo, está mais do que na hora de abrir sua mente e libertar seu pensamento dos grilhões.

"Tente encarar a vida não como um inimigo, mas como um treinador amigável e cordial com quem você deve aprender a lutar."

REGRA 8

MANTENHA-SE ATUALIZADO SOBRE O QUE ACONTECE NO MUNDO

Talvez você se questione por que esta regra está aqui e não na seção que trata do seu relacionamento com o mundo. A resposta é simples: esta regra se refere *a você*, e não ao mundo. Demonstrar interesse pelo que acontece fora do seu universo particular visa desenvolver sua personalidade, e não melhorar o mundo. Não estou sugerindo que você assista religiosamente aos noticiários, mas sim que deve ler, escutar e conversar, a fim de se manter informado a respeito do que está acontecendo.

Os jogadores que seguem as regras não ficam mergulhados nas minúcias de suas próprias vidas nem vivem dentro de uma bolha. Considere sua missão manter-se a par dos fatos e das novidades na música, na moda, na ciência, no cinema, na culinária e até mesmo na televisão. Os jogadores experientes são capazes de bater papo sobre praticamente qualquer coisa, porque têm interesse em saber o que acontece ao seu redor. Você não precisa *comprar* todos os lançamentos high-tech, mas deve ter uma idéia geral do que há de novo e do que está mudando.

Quais serão os benefícios? Para começar, isso irá torná-lo uma pessoa mais interessante e fazer com que continue jovem. Outro dia, no banco, encontrei uma senhora idosa que estava reclamando de ter de memorizar senhas. "*Senha disso, senha daquilo, na idade em que estou para que tanta senha?*" A resposta, bem curta, é que ela precisa da senha para receber sua aposentadoria. É fácil se deixar levar por pensamentos do tipo "*Eu nunca fiz isso antes, por que preciso fazer agora?*". Se agirmos assim, teremos grandes chances de falhar.

As pessoas mais felizes, mais equilibradas e de maior sucesso são aquelas que participam do mundo ao seu redor, não vivem isoladas numa redoma. E as pessoas mais interessantes e estimulantes, de quem todos têm vontade de se aproximar, são as que têm curiosidade pelo que está ocorrendo à sua volta.

"As pessoas mais felizes, mais equilibradas e de maior sucesso são aquelas que participam do mundo ao seu redor, não vivem isoladas numa redoma."

REGRA 9

FIQUE DO LADO DOS MOCINHOS, E NÃO DOS BANDIDOS

Todos os dias tomamos um grande número de decisões. E cada uma delas, em geral, se resume a uma simples escolha entre o bem e o mal. De que lado você quer ficar? Ou será que nem percebeu o que estava acontecendo? Deixe-me explicar. Cada ação que empreendemos tem um efeito sobre nossa família, as pessoas que nos rodeiam, a sociedade e o mundo em geral – e esse efeito pode ser positivo ou negativo. Em geral, a escolha é nossa, e muitas vezes não é nada fácil. Ficamos divididos entre o que *nós* queremos e o que é bom para *os outros*, indecisos entre a satisfação pessoal e a generosidade.

Ficar do lado dos mocinhos costuma ser uma tarefa duríssima. Mas, se queremos ter uma vida bem-sucedida – e, para mim, a medida do sucesso é o desenvolvimento de sentimentos positivos, de auto-satisfação, felicidade e contentamento –, devemos tomar uma decisão consciente nesse sentido. Esta pode ser nossa missão de vida: jogar no time do bem, sempre.

Se você deseja saber se já fez essa escolha, verifique rapidamente como se sente e como reage quando um motorista imprudente lhe dá uma fechada na hora do rush. Ou quando está com pressa e alguém pára você na rua para pedir informações. Ou quando seu filho adolescente se envolve em problemas com a polícia. Ou quando empresta dinheiro a um amigo que nunca paga o que lhe deve. Ou quando seu chefe o chama de idiota na frente de todos os seus colegas. Ou quando você acerta uma martelada no polegar. Ou, ou, ou... Como já disse, são escolhas que temos de fazer o tempo todo – e com consciência.

O problema é que ninguém lhe dirá exatamente o que é certo ou errado. Você terá de estabelecer seus próprios parâmetros, o que não é assim tão difícil, pois boa parte dessas coisas é evidente. É algo que vai prejudicar ou atrapalhar alguém? Você faz parte do problema ou da solução? A situação vai melhorar ou piorar se você agir de determinada maneira? A escolha é sua, ninguém pode decidir por você.

É a sua interpretação do que é bom ou mau que realmente importa. Não adianta nada dizer a uma pessoa que ela está tomando o partido errado, porque ela pode ter uma visão diferente e até acreditar que está agindo certo. Aquilo que os outros fazem corresponde às suas próprias escolhas e convicções, e ninguém gosta de ser contrariado. Ninguém pode impedi-lo de observar o que está acontecendo e pensar com seus botões "*Eu não teria feito isso dessa maneira*" ou "*Minha nossa, fulano está jogando sujo!*", mas não diga nada a ninguém.

> "Ficamos divididos entre o que *nós* queremos e o que é bom para *os outros*, indecisos entre a satisfação pessoal e a generosidade."

REGRA 10

ESFORCE-SE PARA SUPERAR AS ADVERSIDADES

A vida é difícil, e a regra é agradecer a Deus por isso. Se a vida fosse um mar de rosas, nós nunca seríamos testados ou desafiados. Não poderíamos crescer, aprender, mudar ou ter uma chance de nos tornarmos melhores do que somos. Se a vida fosse uma seqüência ininterrupta de dias agradáveis, logo ficaríamos aborrecidos com ela. Se não houvesse chuva, ninguém experimentaria aquele sentimento de alegria quando ela finalmente pára e podemos ir à praia. Se tudo fosse fácil, não teríamos como nos fortalecer.

Seja grato por ter de lutar pelo que quer em certos períodos da vida, pois isso demonstra que você não desistiu dos seus sonhos. Em alguns momentos você vai se sentir como se estivesse nadando contra a corrente e enfrentando todo tipo de obstáculo. Mas não há escolha. Se não continuar se esforçando, você será tragado pelas águas. Por outro lado, cada impulso de sua cauda, cada movimento de suas barbatanas deixa você mais forte, mais preparado e mais feliz.

Alguns estudos sugerem que, para um grande número de homens, a aposentadoria é uma péssima decisão. Muitos deles morrem num espaço de tempo relativamente curto após encerrarem suas atividades profissionais (não sei se isso afeta as mulheres da mesma forma). Ou seja, são arrastados pela corrente quando param de nadar. Por isso, continue nadando, peixinho, continue nadando!

Tente encarar cada fracasso como uma oportunidade de melhorar. As dificuldades o tornam mais forte, e não mais fraco. Dizem que nunca recebemos um fardo maior do que podemos carregar – embora, em certas ocasiões, ele pareça muito maior e mais pesado do que temos condições de levar. E é claro que a luta nunca tem fim, mas há fases mais tranqüilas de tempos em tempos, quando a corrente é mais fraca e podemos descansar e aproveitar o momento antes de enfrentar o próximo obstáculo. A vida é assim, essa é a natureza dela: uma série de tempestades intercaladas com períodos de calmaria. E qualquer que seja a situação em que você se encontra atualmente, ela vai mudar. Que fase você está vivendo agora? Esforço ou repouso? Chuva ou sol? Aprendizado ou diversão?

"A vida é assim, essa é a natureza dela: uma série de tempestades intercaladas com períodos de calmaria."

REGRA 11

SEJA O ÚLTIMO A LEVANTAR A VOZ

Para mim, esta regra é particularmente difícil. Eu adoro falar alto. Venho de uma família grande e robusta em que berrar era a coisa mais natural do mundo, além de ser a única maneira de ser escutado, receber atenção ou fazer valer sua opinião. Um comportamento meio desequilibrado? Sim. Barulhento? Com certeza. Útil? Provavelmente não.

Um de meus filhos herdou o "gene do berro". É difícil não cair em tentação e falar alto com ele também. Por sorte, esta regra deixa aberta a possibilidade de responder no mesmo tom: "Seja sempre o *último* a levantar a voz." Ou seja, se ele berrar comigo primeiro, posso dar o troco depois. Mas o ideal é nunca gritar com os outros – fazer isso é um sinal de que perdi o controle e não consegui vencer a discussão. O filho de um pároco anglicano leu certa vez as notas de seu pai para um sermão e descobriu que, na margem do texto, ele havia escrito: "Gritar aqui. Este argumento é fraco." Sem dúvida, acho que isso resume tudo.

Mas eu já apelei para o grito em diversas ocasiões e me arrependo de cada uma delas. Confesso que certa vez fiz um escândalo em uma loja de eletrodomésticos por causa de um videocassete defeituoso. Eu levei a melhor, mas a realidade é que agi mal e que, lá no fundo, até hoje tenho vergonha de ter me comportado daquela maneira.

Então, o que você deve fazer se também possui o "gene do berro"? No meu caso, descobri que o melhor a fazer é tirar o time de campo quando a situação ficar muito explosiva e se tornar quase inevitável descambar para esse tipo de comportamento. É uma tarefa difícil, principalmente quando você sabe que está com a razão. Existem tantas coisas que nos fazem perder as estribeiras, tantas situações em que sentimos que um escândalo justificado vai nos levar à vitória... Mas estamos lidando com pessoas que têm seus próprios sentimentos e gritar nunca é correto – mesmo quando os outros erguem a voz primeiro.

Há duas situações em que as pessoas perdem o controle – uma justificada e a outra com o intuito de manipular os outros. A primeira é quando você passa com o carro por cima dos pés delas e se recusa a pedir desculpas ou mesmo a admitir que está errado. Nesse caso, elas têm todo o direito de gritar. Mas algumas pessoas se descontrolam para conseguir o que querem – uma espécie de chantagem emocional. Você pode ignorá-las ou se manter firme para controlar a situação. Mas você não pode gritar com elas.

Eu sei, eu sei, há diversos casos em que gritar parece correto – o cachorro está tentando roubar o jantar; as crianças não querem arrumar o quarto; seu computador pifou de novo e os técnicos não vão consertá-lo a tempo de você terminar seu trabalho; pichadores estão rabiscando seu muro novamente; e mais um monte de outras situações.

Mas, se você simplesmente adotar a regra de "*não gritar com as pessoas*", então terá um parâmetro muito fácil de manter e será considerado incrivelmente calmo, não importa o que aconteça. Pessoas calmas são admiradas e reconhecidas, tratadas com mais confiança e respeito e recebem tarefas de maior responsabilidade. Além disso, pessoas calmas vivem mais.

"Gritar aqui. Este argumento é fraco."

REGRA 12

SEJA SEU PRÓPRIO CONSELHEIRO

Bem no fundo de cada um de nós existe uma fonte de sabedoria, normalmente chamada de intuição. Aprender a ouvi-la é um processo lento. Começa pelo reconhecimento de uma voz interior ou de um sentimento que lhe indicará que você fez alguma coisa errada. Trata-se de um sinal incrivelmente sutil, e você precisará de silêncio e concentração para percebê-lo.

Você pode chamar essa voz de consciência se quiser, mas no fundo você sabe quando fez alguma coisa errada. Você sabe quando deve pedir desculpas e se corrigir. Você sabe muito bem. E eu sei que você sabe. Eu sei, porque todos nós sabemos. Não há como escapar.

Assim que você começar a dar atenção a essa voz interior, verá quanto ela pode ajudá-lo. Ela não agirá apenas como um papagaio que fica pendurado no seu ombro repetindo "*Você estragou tudo de novo*" quando já é tarde demais. O segredo é ouvir sua intuição dizer se algo é certo ou errado *antes* de agir.

Tente analisar todas as alternativas antes de tomar qualquer atitude e veja qual é sua reação. Este processo se tornará mais fácil à medida que você for se acostumando a ele. Imagine, em qualquer situação, que há uma criança parada a seu lado e você precisa explicar as coisas para ela. Imagine que ela faz perguntas – "*Por que você está fazendo isso?*", "*O que é certo e o que é errado?*", "*Será que a gente devia fazer isso?*" – e você precisa responder. A única diferença é que você mesmo faz e responde às perguntas. Logo você verá que já sabe tudo o que precisa saber.

Apenas ouça sua voz interior. Se você vai confiar em algum conselheiro, quem será? Faz sentido que seja *você mesmo*, porque sabe de todos os fatos e tem em mãos toda a experiência e o conhecimento necessários. Ninguém mais dispõe disso.

Preciso fazer um pequeno esclarecimento. Quando digo "ouça sua voz interior", não estou me referindo a tudo o que passa pela sua cabeça, pois esse é o caminho para a loucura. Estou falando de algo muito mais sutil. Para algumas pessoas é mais um sentimento do que uma voz – aquilo que algumas vezes chamamos de instinto. E, mesmo que seja uma voz, ela não fala propriamente – ao contrário de nossa mente consciente, que tagarela sem parar – e, se falasse, você correria o risco de não a ouvir em meio à torrente de palavras que nossa mente produz.

Também não se trata de prever o que vai acontecer. Você não vai saber quem ganhará a próxima Copa do Mundo nem vai adivinhar os números da Mega-Sena. Trata-se apenas de coisas realmente importantes: o que estamos prestes a fazer, grandes decisões que precisamos tomar, por que nos comportamos de determinada maneira. Você já sabe a resposta, basta perguntar a si mesmo.

"Você sabe quando deve pedir desculpas e se corrigir. Não há como escapar."

R E G R A 13

NÃO TENHA MEDO, NÃO SE DEIXE SURPREENDER, NÃO HESITE, NÃO DUVIDE

De onde veio esta regra? Era o lema de um guerreiro samurai do século XVII. Estas foram as quatro chaves que o fizeram ter sucesso na vida – e nas lutas.

Não tenha medo

Você não deve ter medo de nada. Se tiver, precisa superar isso de alguma forma. Confesso que tenho um pouco de medo de altura. Sempre que possível, evito lugares altos. Recentemente, por causa de um vazamento na calha, tive de subir no telhado de nossa casa – são três andares, com um declive bastante íngreme em um dos lados. Eu rilhei os dentes e fiquei repetindo para mim mesmo "Não tenha medo, não tenha medo", até terminar o conserto. É claro que não fiquei olhando para baixo. Não importa qual seja o seu medo, enfrente-o de cabeça erguida e o supere.

Não se deixe surpreender

A vida parece cheia de surpresas, não é mesmo? Tudo corre com a maior tranqüilidade e, de repente, um grande obstáculo surge na sua frente. Mas, se você observar com cuidado, sempre houve indícios do que ia acontecer. Então não há surpresa nenhuma. Seja qual for a sua situação atual, ela vai mudar. Isso também não é segredo. Então por que a vida parece nos surpreender? Porque passamos metade do tempo sem prestar atenção. Fique de olhos abertos e você nunca será pego de surpresa.

Não hesite

Considere as possibilidades e vá em frente. Se você hesitar, perderá a oportunidade. Se passar muito tempo pensando, nunca fará nada. Assim que tiver analisado todas as opções, faça sua escolha, tome uma decisão e coloque-a em prática. Esse é o segredo. Não hesitar significa não esperar a ajuda de outras pessoas nem deixar que elas decidam por você. Não hesitar significa se jogar de cabeça quando uma situação é inevitável. E, se não houver nada a fazer, esperar não vai ajudar.

Não duvide

Quando tomar uma decisão a respeito de qualquer coisa, não fique repensando. Apenas relaxe e deixe as coisas acontecerem. Pare de se preocupar. Amanhã vai chegar, isso é a coisa mais certa que existe. Não há dúvida sobre a vida. Seja confiante. Comprometa-se. Tenha segurança em você. Assim que tiver se comprometido com determinado caminho ou plano de ação, siga-o até o fim. Não duvide de ter tomado a decisão certa, de que essa era a melhor coisa a fazer nem de que você será bem-sucedido. Simplesmente siga em frente e confie plenamente em sua decisão.

REGRA 14

EU GOSTARIA DE TER FEITO ISSO — E VOU FAZER

Arrependimentos. Eu tive alguns... Talvez você espere que eu diga que na vida não há espaço para arrependimentos ou para "se ao menos". Mas eles podem ser bastante úteis – se você usá-los para agir de outra maneira no futuro.

Há três cenários possíveis para o "Eu gostaria de ter feito isso". O primeiro é quando você sente que não aproveitou uma oportunidade ou que perdeu alguma coisa. O segundo é quando você vê que alguém fez algo muito bom e gostaria que tivesse sido você. O último cenário não diz respeito a você, mas aos outros – aqueles que se arrastam por aí numa atitude de "Eu poderia ter sido um vencedor, se ao menos eu tivesse tido chance, ou mais sorte, ou melhores oportunidades". Para essas pessoas, a má notícia é que, mesmo que a Dama da Fortuna tivesse aparecido e lhes dado uma mordida no traseiro, elas deixariam a sorte escapar.

As pessoas que olham para as conquistas dos outros se dividem em dois grupos: as que invejam e as que se sentem motivadas. Se você se flagrar dizendo "Eu gostaria de ter feito isso/pensado nisso/estado lá/visto aquilo/experimentado isso/conhecido aquelas pessoas", então deve aprender a completar a frase com "E vou conseguir...".

Em muitos casos, o que você gostaria de ter feito pode não estar completamente fora de cogitação – mesmo que não seja exatamente como se você tivesse feito antes. Por exemplo, se você está pensando "Eu gostaria de ter passado um ano na China antes da faculdade...", é claro que não vai conseguir voltar no tempo. Mas será que você não conseguiria um período sabático de seis meses para viajar agora? Ou tirar umas férias mais longas e ir até lá (com a família, se necessário)? Ou quem sabe colocar essa viagem no topo da lista de coisas que pretende fazer quando se aposentar?

É claro que, se você lamenta não ter ganho uma medalha de ouro olímpica nos 400 metros rasos porque desistiu do atletismo aos 14 anos de idade, não conseguirá fazer isso agora que está com 34. Nesse caso, você apenas pode decidir que não perderá mais nenhuma oportunidade. Então você pode começar a ter aulas de mergulho para que, daqui a 20 anos, não fique se queixando de que "Gostaria de ter aprendido a mergulhar...".

"As pessoas que olham para as conquistas dos outros se dividem em dois grupos: as que invejam e as que se sentem motivadas."

REGRA 15

CONTE ATÉ 10... OU RECITE UM POEMA CURTO

De vez em quando alguém ou alguma coisa vai deixá-lo realmente irritado. Mas agora você é um jogador que segue as regras e não vai mais perder o controle. Como exatamente evitar que isso aconteça? A resposta é uma dessas velhas pérolas de sabedoria. Você vai contar até 10, enquanto espera e reza para que a raiva dentro de você suma. Isso sempre funciona comigo e me dá alguns segundos preciosos para que eu recupere o controle e me lembre de onde estou e de quem sou. Controlado e calmo, sou capaz de dar uma resposta adequada.

Contar até 10 é essencial. "Que coisa mais antiquada!", você diz. Pois é, mas funciona. Você não gosta da idéia? Então talvez prefira recitar alguma outra coisa baixinho ou mentalmente. Pode ser um poema, desde que seja curto, como uma cantiga de roda, por exemplo. Além de deixá-lo mais calmo, os versos também podem fazer você rir.

Alguém lhe faz uma pergunta e você não tem certeza da resposta. Conte até 10 antes de dizer qualquer coisa. Todos vão pensar que você é incrivelmente sábio, cheio de consideração e prestativo. (Não diga a ninguém que estava recitando uma cantiga.) Esta regra é uma variante da máxima "pense duas vezes antes de falar" – e essa pausa pode lhe poupar uma série de problemas.

Se você precisar confrontar alguém, contar tranqüilamente até 10 pode ajudá-lo bastante. Certa vez eu passava por uma área muito perigosa da cidade, mas estava cheio de fome e me aventurei a entrar numa lanchonete. Enquanto me serviam, um "bom samaritano" que estava atrás de mim na fila sussurrou que eu deveria tomar muito cuidado ao sair dali. Perguntei por que e ele apontou para um bando de garotos sentados num muro e disse que eles roubariam minha comida assim que eu pusesse os pés na rua. "Assim eles não precisam entrar na fila", ele disse.

Saí da lanchonete um pouco nervoso – tudo bem, eu realmente estava com medo. Mas abotoei meu sobretudo, respirei fundo e fiquei ali parado, encarando os garotos. Contei até 10 lentamente, enquanto nos olhávamos de cima a baixo, então segui, cheio de determinação, na direção deles. Quando cheguei bem perto, ainda contando, eles desviaram o olhar e me deixaram em paz. Ah, meu Deus, aquele lanche estava delicioso!

"Controlado e calmo,
sou capaz de dar uma
resposta adequada."

REGRA 16

MUDE APENAS O QUE PUDER E NÃO SE PREOCUPE COM O RESTO

O tempo é curto. Este é um dos fatos da vida que você tem de aceitar. Se o tempo é curto, então faz sentido não desperdiçá-lo, nem um segundinho sequer. Observei que as pessoas mais bem-sucedidas são justamente aquelas que extraem da vida toda satisfação e energia possíveis. E fazem isso apenas adotando essa regra simples. Elas dão atenção somente às coisas sobre as quais têm algum controle e poupam tempo não se preocupando com o resto.

Se alguém lhe pedir ajuda diretamente, é porque há alguma coisa que você pode fazer – ou não, se preferir. Mas, se o mundo inteiro lhe pedir ajuda, você não poderá colaborar muito. Ficar se punindo por isso é contraproducente e uma grande perda de tempo. Não estou dizendo que você deve parar de se preocupar com as coisas que acontecem no mundo ou dar as costas aos necessitados. Na verdade, é o contrário. Mas existem áreas em que sua contribuição fará uma grande diferença e outras nas quais você não deixará sequer um arranhão.

Se você perder tempo tentando mudar coisas que obviamente não mudarão nunca, então a vida vai passar sem que você a aproveite. Por outro lado, se você se dedicar às áreas em que sua contribuição fará uma grande diferença, então sua vida se tornará mais produtiva e mais satisfatória. E, curiosamente, quanto mais produtiva for sua vida, mais tempo vai parecer que você tem.

Obviamente, se muitos de nós nos unirmos, seremos capazes de mudar praticamente qualquer coisa. Mas esta é uma *regra para você* – a primeira parte deste livro é inteiramente pessoal –, portanto só diz respeito ao que você pode transformar.

Se você tem influência sobre o presidente ou o primeiro-ministro, pode contribuir para decisões políticas que irão afetar a nação inteira. Se você tem influência sobre o Papa, pode participar da redação da próxima Bula Papal. Se você tem influência sobre algum general, pode evitar uma guerra. Se você conhece um editor, pode conseguir publicar seu livro. Se você conhece o gerente de um restaurante, pode conseguir a melhor mesa. E assim por diante. Sobre quem você tem influência? Como pode usá-la para empreender mudanças?

Freqüentemente, a única pessoa que nos dá atenção somos nós mesmos. Essa é a única coisa que realmente podemos mudar: nós mesmos. Muito bem. Esta é uma excelente oportunidade para fazer algo realmente bom e dar uma grande contribuição. A mudança deve acontecer de dentro para fora. Assim não perderemos tempo dando sermão em quem não vai ouvir. E não desperdiçaremos esforços, energia ou recursos com coisas sobre as quais não temos controle nem garantia de sucesso. No entanto, se nos transformarmos, certamente obteremos resultado.

"Dedique-se a coisas que você pode mudar, às áreas em que sua contribuição fará uma grande diferença."

REGRA 17

TENTE SER O MELHOR EM TUDO O QUE FIZER — NÃO O SEGUNDO LUGAR

Uau! Que exagero! Mas isso é muito difícil... Sim. E a idéia é exatamente essa. Se você trabalha, cumpra suas tarefas da melhor maneira possível. Se você é pai ou mãe, seja o melhor que puder. Se você é jardineiro, então seja o melhor. Senão, qual será seu objetivo? Será que há algo mais triste do que se contentar em ser apenas o segundo no que quer que você faça? Essa regra é muito simples, muito fácil. Vamos falar de filhos, por exemplo. Qual é a melhor maneira de criá-los? É claro que não há respostas certas ou erradas, pois se trata de uma questão totalmente subjetiva. Qual você acha que é a melhor maneira de criar seus filhos? Você vai querer menos do que isso? É claro que não.

O mesmo vale para tudo o que você fizer. Tente ser o melhor que você achar possível. Uma vez que você mesmo é o juiz e a banca examinadora, é fácil conviver com essas expectativas, porque elas serão só suas. Ninguém mais poderá dizer se você falhou ou foi bem-sucedido. Ninguém mais pode estabelecer os critérios para o que você está tentando realizar.

Talvez isso seja um truque. Se você é o único que pode avaliar seu desempenho, então é claro que sempre irá se atribuir a nota máxima. Não vai? Provavelmente não. É impressionante como somos duros com nós mesmos quando ninguém está observando. Se começarmos a trapacear, logo perceberemos que isso não faz o menor sentido.

A melhor coisa em estabelecer seus próprios padrões é que

ninguém mais poderá julgá-lo; ninguém mais vai poder apontar para você o que é certo ou errado, bom ou mau. Até que ponto isso é libertador? Infinitamente. A partir do momento em que você estabeleceu os padrões do que julga ser o melhor e definiu que quer atingir esse patamar, tudo o que precisa fazer é checar esses padrões periodicamente e avaliar como está se saindo.

Nada disso precisa ser incrivelmente detalhado. Por exemplo, sua idéia sobre a melhor maneira de criar seus filhos pode ser simplesmente: "Sempre estarei ao lado deles." Não é necessário dar detalhes – mesmo que seja apenas para você – como, por exemplo, quantas vezes por dia irá dizer que os ama ou que vai garantir que eles usem meias limpas todos os dias. Não, seu objetivo é simplesmente "sempre estar ao lado deles", e esse é o seu melhor. Se você falhar, será simplesmente porque não esteve ao lado deles em algum momento. Não há problema em falhar. Em querer ser o segundo lugar, sim.

Você apenas tem de pensar conscientemente no que está fazendo e então querer ser o melhor nisso. O segredo é ter um padrão segundo o qual você, e somente você, possa avaliar seu desempenho. Estabeleça objetivos simples e, é claro, possíveis de serem alcançados. E defina claramente o que para você é o melhor e o segundo lugar.

"Não há problema em falhar.
Em querer ser o
segundo lugar, sim."

REGRA 18

NÃO TENHA MEDO DE SONHAR

Pode parecer óbvio e fácil, mas você se surpreenderia com a quantidade de pessoas que limitam os próprios sonhos. Pelo amor de Deus, os sonhos são *seus!* Eles não devem ter limites. Planos precisam ser realistas; sonhos, não.

Muita gente pensa que seus sonhos têm de ser realistas para que valha a pena sonhar. Isso vale para os planos, que são completamente diferentes. Eu tenho planos e sigo alguns passos lógicos para realizá-los. Mas os sonhos podem ser tão improváveis que dificilmente terão chance de se realizar. E não pense que você nunca vai chegar a lugar nenhum se ficar sonhando acordado o dia todo. Algumas das pessoas mais bem-sucedidas do mundo foram justamente as que ousaram ter os maiores sonhos. E isso não é coincidência.

Você também pode querer qualquer coisa. Sonhos e desejos são assuntos absolutamente pessoais. Não há um policiamento de desejos, não existem cientistas de sonhos que andem por aí fiscalizando se eles são realistas ou não. Eles são um assunto entre você e... é isso. Mais ninguém.

A questão é que as pessoas limitam seus sonhos. Mas eles não fazem mal nenhum. Não ponha limites em seus sonhos! Você pode ter sonhos tão grandes, tão extravagantes, tão impossíveis, tão loucos, tão bobos, tão bizarros, tão sem sentido quanto quiser.

Apenas um aviso – e falo por experiência própria: é melhor você tomar muito cuidado com seus desejos e sonhos, porque eles podem se tornar realidade. E o que você vai fazer então?

Este livro mostra como colocar em prática os ensinamentos apresentados em *O monge e o executivo.* • *R$19,90*

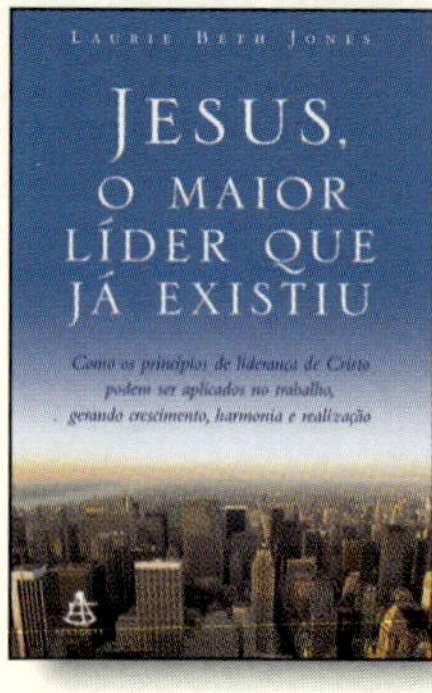

Como adotar os ensinamentos de Cristo no trabalho, gerando crescimento e bem-estar. • *R$19,90*

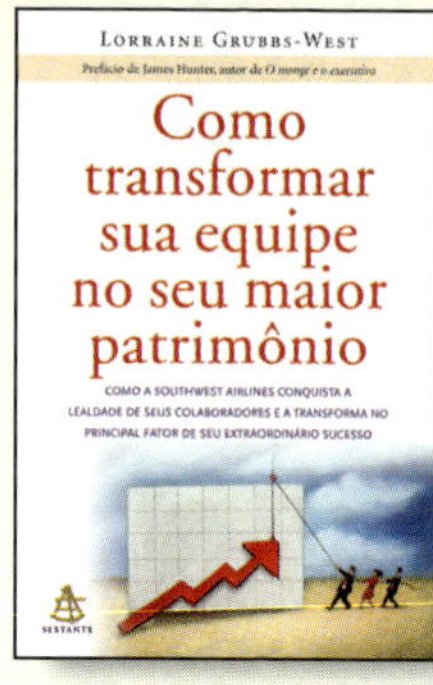

Um relato de como a Southwest Airlines se consagrou como um fenômeno na arte de conquistar a devoção e a lealdade dos colaboradores. • *R$19,90*

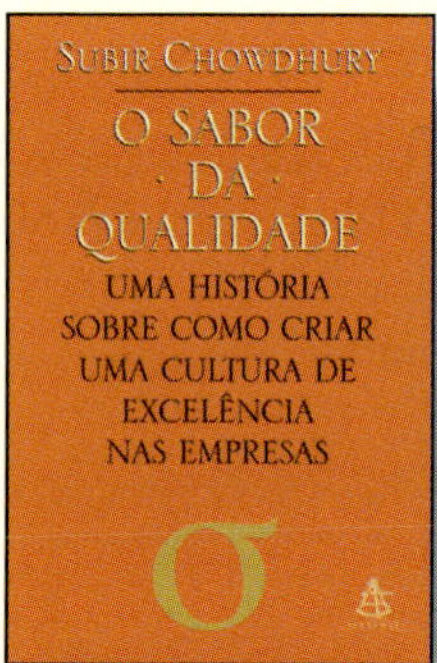

A história de uma empresa que descobre como a qualidade pode ajudá-la a crescer e se manter competitiva. • *R$19,90*

Conheça a importância do feedback e melhore seus relacionamentos pessoais e profissionais. • *R$19,90*

Uma inspiradora fábula que mostra como buscar a própria sorte e criar as condições para realizar seus sonhos. • *R$19,90*

Descubra a importância que os amigos têm para sua saúde, seu desempenho profissional e sua satisfação com a vida • *R$19,90*

David Niven descobriu as 100 atitudes comuns entre as pessoas que conseguiram se tornar bem-sucedidas. • *R$19,90*

Desenvolva sua responsabilidade individual para conquistar o sucesso pessoal e profissional. • *R$19,90*

Nesta parábola, você vai descobrir o que está por trás de uma vida bem-sucedida e aprender a planejar e alcançar seus sonhos. • *R$19,90*

Saiba de que forma a inteligência emocional pode ajudá-lo a ter uma carreira bem-sucedida e uma vida mais feliz. • *R$19,90*

Dicas para energizar sua equipe e motivá-la a tomar a iniciativa, gerando benefícios para todos. • *R$19,90*

Conheça o poder do atendimento afetuoso e descubra como isso pode representar a diferença entre o sucesso e o fracasso. • *R$19,90*

100 princípios que vão aumentar sua autoconfiança e abrir caminho para que você seja respeitado, valorizado, admirado e promovido. • *R$24,90*

Veja como é possível fazer do trabalho uma experiênci gratificante, independentemente do cargo que você ocupa. • *R$19,90*

Descubra o poder transformador das atitudes positivas e melhore suas relações pessoais e profissionais. • *R$19,90*

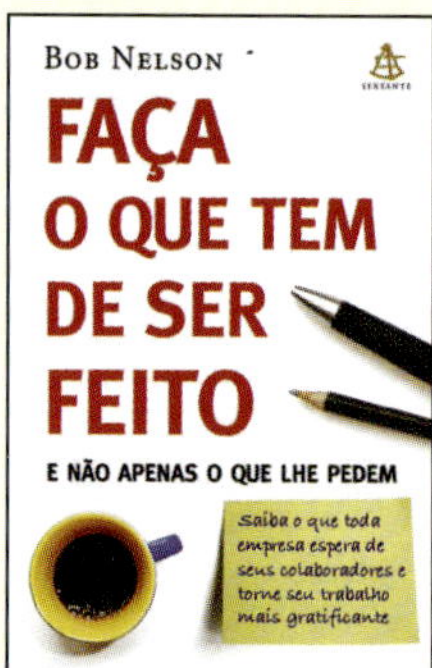

Fazer o que precisa ser feito, e não apenas o que lhe pedem, é a marca registrada da excelência profissional. • *R$19,90*

Este livro mudou os rumos da gestão empresarial e revolucionou o conceito d liderança. • *R$19,90*

"Planos precisam ser realistas; sonhos, não."

R E G R A 19

NÃO SE PRENDA AO PASSADO

Qualquer que tenha sido seu passado, ele já passou. Não há nada que você possa fazer para mudar o que aconteceu antes, então volte sua atenção para o aqui-e-agora. É difícil resistir à tentação de ficar relembrando o que já se foi. Mas, se quiser ter sucesso na vida, terá de prestar atenção ao que está acontecendo agora. Você pode se sentir tentado a viver no passado porque ele foi horrível ou maravilhoso. De qualquer maneira, você precisa deixá-lo para trás, porque a única maneira de se viver é no presente.

Se você está preso ao passado por causa de algum arrependimento, então precisa entender que não pode voltar atrás e desfazer as coisas. Se você se agarrar a um sentimento de culpa, vai apenas se prejudicar. Todos nós já tomamos decisões ruins que afetaram pessoas que dizíamos amar, mas que tratamos mal. Não há como mudar o que está feito. Tudo o que podemos pedir a nós mesmos é que reconheçamos nossos erros e tentemos não repeti-los.

Se seu passado foi maravilhoso e você tem saudade de seus dias de glória, então aprecie suas recordações, mas também siga em frente e se esforce para encontrar novos bons momentos no presente. Se sua vida realmente era melhor antes, talvez você possa entender o motivo disso – dinheiro, poder, saúde, vitalidade, diversão, juventude. Depois tente encontrar novos caminhos para explorar. Todos temos de deixar coisas boas para trás e descobrir novos desafios e novas inspirações.

Cada dia em que acordamos é um novo começo e podemos fazer o que quisermos dele, podemos escrever qualquer coisa na página em branco. Manter esse entusiasmo não é fácil – mais ou menos como se habituar a fazer exercícios. As primeiras vezes são dificílimas, mas, se você perseverar, um dia verá que está caminhando, correndo ou nadando sem fazer qualquer esforço consciente. Criar o hábito é penoso e requer um grande poder de concentração, entusiasmo, dedicação e perseverança.

Tente imaginar o passado como um cômodo diferente daquele em que você está instalado agora. Você pode visitá-lo, mas não mora mais lá. Sua casa agora é aqui. Cada segundo do presente é precioso. Não desperdice seu tempo naquele cômodo velho. Não perca o que está acontecendo agora porque estava ocupado demais olhando para o passado. Caso contrário, daqui a algum tempo você olhará para o momento atual e se perguntará por que o deixou passar. Viva aqui e agora. Viva neste momento.

> "Viva aqui e agora.
> Viva neste momento."

REGRA 20

NÃO VIVA ESPERANDO PELO FUTURO

Se você achou que a regra anterior era difícil, experimente esta... Posso até ouvir você dizendo: "Mas é no futuro que tudo vai acontecer. No futuro terei sucesso, serei mais feliz, rico, bonito, famoso, apaixonado, vou terminar esse relacionamento ruim, mudar de cidade, estarei cercado de amigos, vou tomar os melhores vinhos que o dinheiro puder comprar..." Tudo bem, esses podem ser seus sonhos e planos. Mas, novamente, é no aqui-e-agora que você realmente vive. Este é o momento pelo qual você esperou toda a sua vida. Este é o momento que você deve aproveitar, mesmo que não tenha conseguido tudo o que deseja. Ter sonhos é maravilhoso. Nunca deixe que ninguém lhe diga que sonhar é errado. Mas fique ciente de que é o você *de hoje* que tem esses sonhos. Desfrute o desejo e a espera. Usufrua o fato de estar vivo e ter força e vitalidade para sonhar.

Viver o presente não significa jogar todas as suas responsabilidades e preocupações para o alto e passar a vida em busca de prazeres nem ficar sentado de pernas cruzadas respirando profundamente – a menos que seja isso que você realmente quer. É apenas tirar um momento de vez em quando para contemplar a vida, agir como se hoje fosse um dia importante e vivê-lo plenamente, aqui e agora.

Não podemos projetar toda a nossa felicidade para o futuro – "Ah, se eu fosse mais rico, mais jovem, mais saudável, mais feliz, se meu emprego fosse melhor, meus filhos mais amorosos, meu carro mais novo, se eu fosse mais alto, mais atlético, tivesse mais cabelo, dentes melhores, se eu pudesse comprar mais roupas..." – a lista não tem fim. Se apenas uma coisa ou outra fosse mudada, tudo seria perfeito, não é? Infelizmente, não. A vida não funciona assim. Quando mudamos uma coisa, sempre há outra para adiar nossa felicidade. Se você subitamente ficasse mais magro ou mais atlético, provavelmente desejaria ser mais rico ou que sua parceira ou parceiro fosse mais romântico. Você sempre vai desejar mais alguma coisa para ser feliz.

Esqueça essa idéia de maior, melhor, mais rico e mais magro. O segredo é gostar do que você tem e, mesmo assim, sonhar e planejar. Assim todos podemos ser um pouco mais felizes agora do que se simplesmente ficarmos olhando para o futuro, onde aparentemente mora a felicidade.

"Sonhos são maravilhosos,
mas a realidade também
é muito boa."

REGRA 21

APROVEITE A VIDA, PORQUE ELA É CURTA

Todos os dias, a cada segundo, a vida passa numa velocidade assustadora. E cada vez mais depressa. Certa vez perguntei a um senhor de 84 anos se o ritmo diminui quando envelhecemos. Não consigo reproduzir exatamente suas palavras, mas ele explicou, em termos que não deixavam nenhuma dúvida, que não. Continuava cada vez mais veloz. Algumas vezes imagino se não estamos pegando impulso para levantar vôo – como uma última corrida antes de partirmos. Mas, se você quer uma vida bem-sucedida, feliz, satisfatória, repleta de significado, aventuras e recompensas, a regra é simplesmente vivê-la. Tenho certeza de que você já faz isso, caso contrário não estaria lendo este livro.

E como devemos tocar a vida? Da mesma forma como fazemos qualquer outra coisa. Começamos estabelecendo um objetivo, traçamos um plano, formulamos uma série de ações que nos façam atingir a meta e então vamos em frente.

Imagine que você é o gerente de projetos de uma grande companhia e seus superiores querem que você organize uma exposição. Primeiro você precisa definir o objetivo do evento (vender 100 itens de determinado produto, ou distribuir amostras grátis, ou conquistar 20 novos clientes), a partir do qual vai formular um plano de ação – alugar o espaço, contratar o pessoal, imprimir o material de divulgação, etc. Com o plano pronto, você vai saber exatamente do que precisa para tocar o projeto.

A vida não é tão diferente. Também é um projeto – só que muito maior e mais importante que uma exposição.

Tenho certeza de que você entendeu a idéia. Você tem de tocar a vida, mas é muito fácil se perder, caso não tenha um objetivo (ou objetivos) e um plano de ação. É bem provável que seus dias se tornem todos iguais se você não sabe aonde vai nem o que deseja.

Nada disso precisa comprometer a espontaneidade da vida, se é essa sua preocupação. Sinceramente, não encaro minha vida como um projeto de trabalho, mas sim como uma experiência desafiadora, gratificante, excitante, rica, variada, inesperada e fantástica. Mas você precisa pensar um pouco na vida se quiser aproveitá-la ao máximo. Ou então logo perderá o rumo.

Eu acreditava que qualquer coisa que acontecesse seria bom. Era um aventureiro – pronto a enfrentar qualquer desafio que surgisse em meu caminho. Mas aos poucos fui percebendo as vantagens de ter um objetivo e trabalhar para alcançá-lo, em vez de simplesmente me deixar levar. Assim é muito mais fácil que coisas boas aconteçam.

"Você precisa pensar um pouco na vida se quiser aproveitá-la ao máximo."

R E G R A 22

VISTA-SE COMO SE HOJE FOSSE UM DIA IMPORTANTE

Hoje é um dia importante. É o único que você realmente possui. Por que você não daria importância a ele? Então vista-se de acordo. Não me refiro ao que minha mãe sempre me dizia: "Use sempre uma cueca limpa, afinal você nunca sabe quando vai ser atropelado por um ônibus." Eu adorava essa frase quando era criança. Eu não entendia por que usar roupa de baixo limpa seria importante quando estivesse estirado no meio da rua. E imaginava que, se os paramédicos conseguissem me levar a tempo para o hospital, eles tirariam minhas roupas ensangüentadas, olhariam para baixo e ficariam horrorizados: "Não olhem! Esse garoto está usando a mesma cueca de ontem! Levem-no daqui!"

Muitas destas regras se referem a escolhas *conscientes*, decisões *conscientes* e percepções *conscientes*. Observei que todas as pessoas capazes de administrar suas vidas são conscientes. Estão sempre atentas. Sabem o que estão fazendo e para onde estão indo. Se você também quer que sua vida seja mais do que uma série de eventos aleatórios, se quer torná-la uma série de desafios estimulantes e de experiências gratificantes e enriquecedoras, então precisará ser consciente.

E você faz isso saudando cada dia como se ele fosse importante. Você se levanta, escova os dentes, toma um banho, faz a barba ou se maquia, etc. E faz tudo isso para ter uma boa aparência e se sentir bem. Então, você se veste com elegância, usa roupas limpas, da moda, como se fosse a uma entrevista de emprego, a uma festa de aniversário ou a um encontro. Se você se vestir com expectativa e elegância, como se cada dia fosse importante, então é isso que cada dia será.

As pessoas reagirão de forma diferente se você se vestir como se o dia fosse importante – e você também responderá de outra maneira à reação delas. É importante ressaltar que não estou dizendo que você deva se vestir formalmente; você não precisa abotoar todo o paletó e ficar desconfortável. Apenas se vista como se fosse um dia importante.

"Mas, e nos fins de semana, a gente pode ficar mais à vontade?", você pergunta. É claro que sim, mas isso não significa que você vai se vestir com desleixo. Nos fins de semana você vai encontrar seus amigos e/ou sua família (a menos que passe esses dias completamente sozinho), e eles também merecem vê-lo com um bom aspecto, porque são importantes. Seus amigos também não querem ver você desarrumado, despenteado e desleixado. Mas isso só diz respeito a você. Receber todos os dias como se fossem importantes será maravilhoso para *sua* auto-estima, *seu* amor-próprio e *sua* autoconfiança.

Você não precisa simplesmente acreditar em mim. Experimente e veja o que acontece. Se você não se sentir mais animado e completamente diferente em duas semanas, então retome seus antigos hábitos e deixe esta regra de lado. Mas eu garanto que você vai se sentir ótimo e encarar cada dia com mais entusiasmo, energia e sentindo-se mais feliz.

"As pessoas reagirão de forma diferente se você se vestir como se o dia fosse importante."

R E G R A 23

TENHA UM CONJUNTO DE CRENÇAS

Não, não vou começar um sermão religioso nem tentar convertê-lo a algum culto estranho. Simplesmente estou dizendo que as pessoas que têm um conjunto de crenças para apoiá-las nos momentos de crise se saem melhor do que as que não acreditam em nada. É simples assim.

Mas o que eu quero dizer com um "conjunto de crenças"? É difícil explicar. Seria o que *você* entende como o sentido do mundo, do universo e de todas as coisas. É aquilo em que *você* acredita que há após a morte. É a quem ou a que *você* reza de noite quando tem algum problema. As pessoas que lidam melhor com a vida são justamente as que conseguiram compreender de forma satisfatória, pelo menos para elas, o significado da vida. E não importa no que acreditam. Você pode crer em um Deus ou em muitos deuses, ou em qualquer coisa diferente – como sermos todos o resultado de uma estranha experiência alienígena, ou que a Terra é plana. Não importa. Acredito que, quando você tiver um conjunto de crenças, viverá melhor do que aqueles que não têm. Passar a vida em busca de alguma coisa que nem você sabe o que é não o fará mais feliz.

Você vai perguntar: "Mas, e se eu não encontrar uma resposta e não acreditar em nada? O que devo fazer?" Bem, continue procurando. Mas tente encontrar alguma coisa bem depressa, porque esta regra é muito importante. Tire algum tempo para pensar nessa questão e a coloque no topo de sua lista de prioridades.

Repare que não estou dando nenhum conselho sobre que

conjunto de crenças adotar. Qualquer um serve, desde que o ajude nos momentos difíceis, responda às suas perguntas sobre a vida e seu lugar no universo e lhe dê conforto. Você tem de se sentir bem com suas crenças: não adianta acreditar em uma divindade vingativa e violenta que observa todos os seus movimentos e o aterroriza para que se submeta a todas as suas vontades (desculpe, mas se você acredita em algo assim precisa repensar o assunto).

Analise se o seu conjunto de crenças faz você se sentir culpado ou infeliz, se lhe pede para se mutilar ou mudar sua aparência de qualquer outra forma, se exclui outro ser humano por causa de sua raça ou sexo, ou se exige algum ritual para lhe dar o conforto prometido. Para algumas pessoas, o conjunto de crenças ideal não deve ter nenhum tipo de líder a quem se deva adorar e obedecer. Essa é uma questão pessoal, mas vale a pena pensar se você se sente bem com as coisas em que acredita.

Um conjunto de crenças deve ser exatamente isso – crenças. Você não precisa provar nada a ninguém, se justificar nem mesmo contar em que acredita (veja a *regra 1*). Não precisa converter as pessoas ou pregar sua mensagem ao mundo. Você também é livre para retirar partes de outros conjuntos de crenças para formar o seu. Mas, se puder, acredite em alguma coisa.

"Você não precisa provar nada
a ninguém, se justificar
nem mesmo contar
em que acredita."

REGRA 24

TIRE ALGUNS MOMENTOS PARA VOCÊ TODOS OS DIAS

Muitas pessoas acham que fazem isso, mas podem estar enganadas. Você pode pensar que tira algum tempo de qualidade para você mesmo todos os dias, mas aposto que não é verdade. Até quando estamos sozinhos nos preocupamos com os outros, pensamos em nossa família, amigos e entes queridos e, no fim, resta pouquíssimo tempo para nós mesmos. O que estou propondo não é revolucionário, nem difícil, nem radical. Na verdade, é bem simples. Apenas tire um tempinho para você todos os dias. Podem ser apenas 10 minutos (mas o ideal seria meia hora). Parece egoísmo? Certamente. Mas é justificável – você é o capitão, o motor, a força propulsora, o motivador, a rocha. Você precisa desse tempo para se recuperar, renovar e revigorar. Você precisa recarregar as energias. Senão você não terá combustível novo, sua máquina acabará pifando e você também.

O que você vai fazer durante esse tempo? Resposta: absolutamente nada. Nada mesmo. Esse não é o momento para tomar um banho, ir ao banheiro, meditar, ler o jornal ou dormir. Esse é um pequeno intervalo para você mesmo, para respirar, ficar sentado sem fazer absolutamente nada. Apenas respire. Descobri que me sentar por 10 minutos no jardim, simplesmente respirando, duas vezes por dia, me ajuda bastante. Eu me sento sem pensar, fazer ou me preocupar com nada, simplesmente apreciando o fato de estar vivo.

Identifiquei esta regra quando era adolescente. Era uma forma magnífica de me libertar de angústias e preocupações. Minha mãe costumava gritar para mim: "O que você está fazendo?" E minha resposta era sempre: "Nada." Então ela dizia: "Pois venha aqui que vou lhe arranjar alguma coisa para fazer..." Ela também costumava repetir: "Você nunca vai chegar a lugar nenhum, se continuar com a cabeça enfiada nesses livros." E a frase de que eu mais gostava: "Você pensa demais. Ninguém precisa pensar tanto assim." Que resposta se dá a uma coisa dessas?

O tempo para não fazer absolutamente nada é realmente importante e basta eu complicar um pouco para que ele perca seu valor. Se eu acrescentar uma xícara de café, então é uma pausa para o café e não um intervalo somente para mim. Se eu ouvir música, então é um momento para ouvir música. Se eu tiver alguém com quem conversar, então é uma ocasião social. Se eu ler um jornal, terei abandonado completamente a idéia de tempo somente para mim mesmo. Mantenha esse intervalo simples. Vazio. Puro.

"Tire um curto intervalo só para você, para não fazer absolutamente nada."

REGRA 25

TENHA UM PLANO DE AÇÃO

Você precisa ter um plano – um mapa, um guia, um alvo, um foco, uma rota, uma direção, um caminho, uma estratégia. Seu plano diz que você está indo a algum lugar, que vai fazer alguma coisa em determinado tempo. Ele dá estrutura e forma à sua vida, atribui-lhe seriedade e poder. Se você ficar aberto para o que der e vier, logo se verá arrastado pela correnteza, e cada vez mais rápido. Tudo bem, nem todos os planos dão certo, assim como nem todos os mapas levam a um tesouro. Mas você terá uma chance maior se tiver um mapa e uma pá, em vez de cavar ao acaso – ou simplesmente não cavar, como a maioria das pessoas.

Um plano indica que você pensou um pouco a respeito de sua vida e não está apenas esperando que algo aconteça. Ou, novamente como a maioria das pessoas, nem sequer está pensando nisso, mas sendo constantemente surpreendido pelos acontecimentos. Defina o que você quer fazer, planeje com cuidado, estabeleça as etapas para atingir seu objetivo e siga em frente. Se você não traçar um plano, não realizará seus sonhos.

Então o que vai acontecer se você não tiver um plano? Você simplesmente vai reforçar o sentimento de "não estar no controle" de sua própria vida. Assim que você elaborar um plano, todo o resto volta ao seu lugar. Assim que você tiver seu plano, as etapas lógicas para realizá-lo também ficam disponíveis e acessíveis. Um plano não é um sonho – é mais algo que você pretende fazer do que algo que quer fazer. E ter um plano significa que você pensou em como vai colocá-lo em prática.

É claro que o fato de ter um plano não implica que você fique preso a ele, o siga e obedeça ao pé da letra, chova ou faça sol. O plano está sujeito a revisões, retoques e mudanças sempre que necessário. Seu plano não deve ser rígido. As circunstâncias mudam, você muda, seu plano também. Os detalhes não importam. Ter um plano, sim.

Um plano lhe dá um ponto de partida. Quando a vida fica muito complicada – e às vezes ela realmente fica –, é fácil nos esquecermos de nossos objetivos. Ter um plano significa que, quando a poeira baixar, você pode se lembrar: "O que era mesmo que eu estava fazendo? Ah, sim. Meu plano era..." E então você começa de novo, de volta ao rumo.

"Se você não traçar um plano, não realizará seus sonhos."

REGRA 26

TENHA SENSO DE HUMOR

Como isso é importante! Enquanto lutamos pela vida – e pode ser uma luta árdua –, precisamos manter um certo equilíbrio. O que fazemos e levamos a sério pode estar tão longe do que realmente é importante na vida, que se torna risível. Nós nos prendemos a coisas tão pequenas e nos perdemos em detalhes tão irrelevantes a ponto de não percebermos a vida passar. Se abrirmos mão das coisas que não são realmente importantes, podemos voltar ao rumo correto. E a melhor maneira de fazer isso é mantendo o bom humor – rindo de nós mesmos e da situação em que estamos, mas nunca das outras pessoas, porque elas estão tão perdidas quanto nós e não precisam que zombem delas.

Nós nos prendemos ao que os vizinhos vão pensar, nos preocupamos com objetos que ainda não temos ou coisas que deixamos de fazer. "Meu Deus, não lavo o carro há duas semanas e ele está imundo. O vizinho lavou o dele ontem! Parece que sou um relaxado." Se percebermos que estamos ficando assim, o melhor é dar uma boa gargalhada. A vida foi feita para ser vivida, para aproveitarmos a luz do sol e as coisas boas – você não precisa ficar aborrecido só porque deixou cair alguns ovos no chão do supermercado.

Aprender a rir de si mesmo e das situações em que se envolve tem um efeito duplamente positivo. Primeiro, porque a tensão se torna mais difusa e você pode recuperar o equilíbrio, e, em segundo lugar, traz benefícios reais, tanto físicos quanto mentais. O riso libera endorfina, que faz você se sentir melhor e ter uma perspectiva mais agradável da vida.

Não estou dizendo que você deve fazer piadas ou trocadilhos nem dizer frases espirituosas o tempo todo. Isso se refere mais a ser capaz de encontrar alguma coisa divertida em qualquer situação que a vida puser em seu caminho – e sempre há um pouco de humor em tudo. Certa vez voltei à consciência após um sério acidente de carro. Eu estava em um cubículo de hospital, cheio de dores. Enquanto voltava a mim, disse algumas palavras bem adequadas para descrever minha condição. Ao me ouvir, uma enfermeira abriu as cortinas e vi uma freira sentada logo em frente.* Fiquei morto de vergonha pelo que tinha dito e, imediatamente, pedi desculpas. Ela me encarou com um olhar sério, depois piscou e disse calmamente: "Tudo bem, eu mesma já falei coisas muito piores."

Se você observar qualquer aspecto do comportamento humano, verá que há algo ridículo em todos eles. Aprenda a encontrar o lado divertido das coisas. É a melhor técnica para aliviar a tensão imediatamente e para dissipar dúvidas e ansiedades. Experimente.

> "Encontre alguma coisa divertida em qualquer situação que a vida puser em seu caminho."

* Ela não estava ali por minha causa. Esperava tranqüilamente por outra freira que estava sendo atendida por conta de uma farpa no dedo.

R E G R A 27

ESCOLHA O CAMINHO QUE VAI PERCORRER

Cada ação que você pratica, cada decisão que toma, tudo o que você faz tem efeito imediato sobre as pessoas a sua volta – e sobre você mesmo. E isso é muito importante. *Existe* uma espécie de "carma instantâneo". Você faz o seu caminho e vai ter de percorrê-lo. Suas ações ditarão se sua vida será alegre ou triste, se tudo correrá bem ou se você terá a impressão de andar com os pneus vazios. Se você for egoísta e manipulador, sofrerá as conseqüências. Se você for gentil e atencioso, acabará recebendo a justa recompensa – e não vai ser no céu (ou na próxima encarnação, ou seja lá em que você acredite), mas aqui e agora.

Confie em mim. Qualquer coisa que você faça e a maneira como você a faz voltarão para você em grandes quantidades. Isso não é uma ameaça, apenas uma observação. Aqueles que fazem o bem recebem o bem. Aqueles que agem mal recebem o mal.

Eu sei que há muitas pessoas que parecem ter tudo na vida e ainda assim são desprezíveis. Mas elas não dormem direito à noite. Não têm ninguém que realmente goste delas. São tristes, solitárias e assustadas. Mas as pessoas que andam por aí distribuindo um pouco de amor e gentileza acabam sendo recompensadas da mesma forma.

É um pouco como o provérbio "Você é o que você come". Você é o que faz. Olhe para as pessoas que espalham alegria e verá sorrisos em seus rostos. Olhe para os que intimidam os outros e os obrigam a fazer tudo à sua maneira, essa gente arrogante, exigente e perversa, e você verá em seus rostos profundas linhas de infelicidade e as marcas do medo, rugas onde deveria haver tranqüilidade. Não há cremes, bronzeadores ou cirurgia plástica que apague essas marcas.

Tenha cuidado ao escolher seu caminho. Tudo o que você oferece volta para você. O "carma instantâneo" realmente *existe*. Você colhe o que semeou. Melhor agir sempre corretamente. Faça sempre o que é certo. Você sabe o que é certo ou errado. Depois, quando for se deitar na cama que você mesmo preparou, não só poderá descansar, como vai dormir o sono dos justos.

"Faça sempre o que é certo.
Você sabe o que é certo
ou errado."

REGRA 28

A VIDA É UM POUCO COMO A PUBLICIDADE

Certa vez alguém disse – acho que foi Lord Leverhulme – que metade do dinheiro gasto em publicidade tinha sido um desperdício, mas não sabia qual metade. Naturalmente, ele quis dizer que, se você não sabe qual metade foi jogada fora, então precisa manter a despesa inteira, mesmo tendo consciência de que metade não vai produzir o menor resultado. A vida é um pouco assim. Às vezes parece injusta. Você faz um esforço enorme e não consegue nenhum resultado. Você é delicado com as pessoas, mas elas são grosseiras com você. Você se mata de trabalhar e os outros enrolam. Você tem de continuar a empregar todos os seus esforços, porque não sabe quais deles serão recompensados. Eu sei que não é justo, mas a vida é assim. Um dia você será recompensado por seus esforços, mas é provável que nunca saiba por quais.

Às vezes tendemos a pensar que temos sorte, quando na verdade estamos apenas recebendo a justa recompensa por algum esforço realizado tanto tempo atrás que até já tínhamos esquecido. Temos de seguir em frente. Você não pode simplesmente desistir apenas porque teve um ou dois contratempos, porque você não sabe quais deles são importantes e quais não são. É mais ou menos como o número de sapos que você tem de beijar até encontrar seu príncipe (ou princesa). Ou a pilha de ostras que você vai ter de abrir até encontrar uma pérola.

Não importa o que você faça, não desista só porque as coisas parecem não dar resultado. Somente se você mantiver seus esforços a recompensa virá – e você jamais vai saber qual deles trará a melhor recompensa.

A maioria das pessoas equilibradas e felizes também lhe dirá que, de vez em quando, você tem de trabalhar em alguma coisa sem esperar nada em troca – salvo a satisfação imediata de se manter ocupado e, portanto, não poder se meter em encrencas. Passar o tempo todo em busca de sucesso, reconhecimento ou recompensas pode ser prejudicial para seu bem-estar quando os resultados não aparecerem imediatamente. Às vezes é bom fazer coisas pelo simples prazer de fazê-las. Eu adoro pintar aquarelas em miniatura – minúsculas paisagens. Vez por outra, aparecia alguém sugerindo que eu fizesse uma exposição ou tentasse vendê-las. Mas, sempre que tentei, foi um fracasso tão grande que eu perdia a vontade de pintar por algum tempo. Depois então as coisas se acalmavam e eu voltava a pintar, até que aprendi que isso é algo muito pessoal e nunca mais vou tentar vender ou expor minhas obras. Elas são uma parte de minha vida, sem fins lucrativos mas incrivelmente recompensadora.

"Você jamais saberá qual de seus esforços trará a melhor recompensa."

REGRA 29

SAIA DA SUA ZONA DE CONFORTO

Esteja pronto para ser um pouco corajoso todos os dias. Por quê? Porque, caso contrário, vai ficar estagnado e criar mofo ou então vai se enrugar e murchar. Todos nós temos uma zona de conforto, na qual nos sentimos seguros, quentinhos e secos. Mas às vezes precisamos sair dela e ser desafiados, assustados e estimulados. É assim que nos mantemos jovens e nos sentimos bem com nós mesmos.

Se ficarmos muito presos a nossa zona de conforto, ou ela começará a diminuir ou alguma coisa vai destruí-la. O destino, ou seja lá o que administra as coisas, não gosta que nos tornemos complacentes demais e, de vez em quando, nos dá um pontapé cósmico no traseiro para acordarmos. Se estivermos acostumados a expandir os limites de nosso casulo, esse chute não terá um impacto tão grande – estaremos preparados para ele –, e será muito mais fácil agüentar o golpe.

Mas não é só isso. Expandir sua zona de conforto faz você se sentir bem consigo mesmo e lhe dá mais confiança. E o melhor é que você pode fazer isso aos poucos. Você não precisa voar de asa-delta, caminhar sobre brasas ou ter relações sexuais com um desconhecido apenas para testar sua zona de conforto. Pode ser tão simples quanto ser voluntário para uma tarefa que você nunca realizou e sobre a qual se sente um pouco nervoso. Ou começar a praticar um esporte ou adotar um novo hobby. Talvez você se engaje em algum movimento. Você também pode passar a fazer sozinho algo que sempre fez acompanhado por alguém ou manifestar sua opinião em ocasiões em que, normalmente, ficaria calado.

Nós impomos uma série de limites a nós mesmos. Acreditamos que não somos capazes de fazer isso ou que não seríamos felizes com aquilo. Aceitar o desafio de expandir nossa zona de conforto nos faz aprender e crescer. Você não vai criar mofo se estiver aumentando suas experiências.

"Expandir sua zona de conforto faz você se sentir bem consigo mesmo."

REGRA 30

APRENDA A FAZER PERGUNTAS

Você pode não gostar das respostas, mas pelo menos vai ficar sabendo. A maioria dos problemas do mundo pode estar firmemente embasada em *suposições.* Se fazemos suposições sobre alguma coisa, acreditamos saber do que se trata, mas não sabemos. Presumimos que a informação parcial que temos é um fato completo, e a partir de então tudo fica pior. Supomos que os outros gostam da nossa idéia, mas não gostam, e as coisas dão errado. O melhor é fazer perguntas logo no início e saber exatamente o que está acontecendo.

Perguntar ajuda a esclarecer a situação. As perguntas colocam as pessoas sob os holofotes, e isso faz com que elas tenham de pensar – e pensar é sempre bom para todo mundo, não importa qual seja o assunto. Questionamentos ajudam as pessoas a ter pensamentos mais claros. Exigem respostas, e para que se obtenha uma resposta é preciso avaliar bem a situação, até que se chegue a uma conclusão lógica.

É como uma pessoa muito sábia e muito querida certa vez me falou: "Quanto mais você entender as crenças, ações, desejos e necessidades dos outros, maior é a possibilidade de você lhes dar a resposta certa, de mudar sua própria maneira de pensar quando necessário e, geralmente, se sair bem."

Fazer perguntas lhe dá um tempo para pensar e respirar. Em vez de perder as estribeiras porque acha que entende a situação, é melhor você fazer algumas perguntas e descobrir qual é a verdade. Você terá mais ferramentas para responder lógica, calma e corretamente.

É fácil identificar os jogadores que seguem as regras – são aqueles que fazem perguntas enquanto os outros reagem, entram em pânico, interpretam as coisas de maneira errada, presumem, perdem o controle e, em geral, se comportam mal.

Faça perguntas para você mesmo com freqüência. Pergunte-se por que você acha que está certo – ou errado. Indague por que está fazendo algumas coisas, por que quer outras, por que está seguindo determinado curso de ação. Questione-se com firmeza e rigor, porque talvez não haja ninguém mais para fazer isso. E você precisa ser questionado. Todos nós precisamos. Isso evita que simplesmente suponhamos já saber o que é melhor para nós.

É claro que há um momento em que se deve parar de fazer perguntas – aos outros e a si mesmo. Você precisa saber a hora de recuar. Tudo isso leva muito tempo para ser aprendido, e todos cometemos erros ao longo do caminho. Alguma pergunta?

> "Perguntas ajudam as pessoas a ter pensamentos mais claros."

REGRA 31

MANTENHA A DIGNIDADE

Passei anos observando pessoas bem-sucedidas, e não estou falando apenas de sucesso financeiro ou profissional. Na verdade, uma das pessoas mais bem-sucedidas que conheci vivia de uma forma incrivelmente frugal, simples e em reclusão, e, no entanto, sua vida era cheia de felicidade, paz e contentamento. Por mais que tentasse, você não conseguiria apagar seu sorriso interior.

Quase todas as pessoas de sucesso têm consciência de sua própria dignidade. O que eu quero dizer com isso? Que são pessoas bastante firmes com relação a si mesmas, já descobriram exatamente quem são e para que estão aqui. Não precisam aparecer nem se gabar do que têm ou da posição que ocupam. Não têm necessidade de chamar a atenção, porque não estão particularmente interessadas no que pensamos sobre elas – estão ocupadas cuidando de suas vidas. Elas mantêm um certo decoro (mesmo fora de moda, essa é uma linda palavra!), não porque tenham medo de fazer papel de bobas ou de fracassar, mas simplesmente porque não se incomodam em chamar a atenção dos outros.

Se você quiser jogar de acordo com as regras e ser bem-sucedido, é importante demonstrar equilíbrio e seriedade, manter-se um pouco afastado da multidão, ter boas maneiras, ser educado, atencioso e alguém que os outros tomem como exemplo. Você não precisa se manter o tempo todo distante, reservado e sério. Você ainda pode se divertir – só não banque o palhaço. Você pode agir de maneira descontraída – mas nunca perca o controle. Você pode relaxar – mas não passe dos limites.

A dignidade consiste em mostrar respeito por si mesmo e ter uma auto-estima velada. É espantoso como os outros irão respeitá-lo e tê-lo em alta conta quando você mesmo passar a agir assim.

> "A dignidade consiste em mostrar respeito por si mesmo e ter uma auto-estima velada."

REGRA 32

NÃO HÁ NADA DE ERRADO EM SENTIR GRANDES EMOÇÕES

Se estivermos constantemente tentando manter a dignidade e agir pacificamente, podemos imaginar que precisamos nos manter imparciais e que não há espaço em nossa vida para grandes sentimentos e coisas desse tipo. A boa notícia é que não é assim que funciona. Não há nada de errado em ter emoções. É normal sentir raiva quando alguém nos aborrece. É normal sentir uma profunda tristeza se perdemos uma pessoa querida. É normal experimentar uma grande alegria. Não há nada de errado em sentir medo, ansiedade, alívio, excitação, apreensão e todas as outras emoções.

Somos seres humanos e temos sentimentos. Isso é a coisa mais natural do mundo. É natural sentir grandes emoções, e não há nada de errado em demonstrá-las. Não precisamos ter vergonha do que sentimos. É normal chorar. Sufocar os sentimentos não é uma boa idéia. Dessa forma eles apenas ficam reprimidos. É muito melhor deixá-los aflorar, lidar com eles e então seguir em frente.

Se estamos passando por experiências traumáticas ou períodos difíceis, certamente não vai ajudar em nada pensar que precisamos controlar o que sentimos para as pessoas não pensarem que somos fracos ou descontrolados. Eu sei que isso parece contradizer a idéia de manter a dignidade, mas não há nada de indigno nas emoções, a menos que as expressemos de forma inadequada ou no momento errado.

Algumas vezes, até mesmo sentir raiva é adequado – desde que não percamos o controle nem façamos qualquer coisa de que vamos nos arrepender depois. Ao nos mostrarmos zangados, as pessoas perceberão que não podem abusar de nós e que nos feriram, ofenderam ou ameaçaram seriamente. É claro que não devemos ficar irritados por coisas bobas – muito pelo contrário, devemos mostrar raiva somente quando for estritamente necessário. Da mesma forma, não é bom descontar em pessoas inocentes – se você não puder expressar sua raiva da maneira apropriada, então deve encontrar uma forma de liberá-la sem magoar ninguém. Mas você tem de liberar sua raiva. Se a guardar, ela vai destruí-lo.

E não é só a raiva que não deve ser reprimida – o medo, a ansiedade, a alegria ou qualquer outra emoção também. Mas não é porque estamos experimentando grandes emoções que vamos perder o controle. Podemos ser completamente emotivos e ainda assim controlar a maneira como vamos expressar o que sentimos. Você não seria humano se não sentisse essas coisas – e se não as sentisse intensamente. São naturais e você não deve tentar reprimi-las. É claro que você precisa se esforçar para que as emoções sejam demonstradas na hora e no lugar certos, e isso depende do seu controle. Mas, se você agir de maneira inadequada, sempre pode se desculpar depois – e isso também é normal.

"Sufocar os sentimentos não é uma boa idéia. Dessa forma eles apenas ficam reprimidos."

REGRA 33

NUNCA DEIXE DE ACREDITAR

"...'Nós conservamos a fé!' – dissemos.
'Desceremos com o andar resoluto
E uma coroa de rosas, até a escuridão!'"

Esse é um trecho de um poema do inglês Rupert Brooke chamado *The Hill* (A colina), que fala sobre amizade (acho eu). É claro que pode ser algo completamente diferente, é sempre tão difícil interpretar poesia. Mas, para mim, é sobre a amizade entre dois amantes, dois amigos. É sobre não deixar de acreditar, cumprir a promessa de apoiar e confiar no outro. Claro que também pode ser sobre acreditar no sentido religioso, mas, conhecendo os poemas de Brooke, não acho que seja.

Não deixar de acreditar significa manter suas promessas, descer até a escuridão com uma coroa de rosas, orgulhoso, resoluto, saber que fez o que era certo, contar com o apoio dos amigos nos momentos difíceis. Talvez estes sejam valores antiquados – honra, lealdade, confiança, orgulho, apoio, fidelidade, dependência, força, ajudar nas dificuldades, constância –, mas ainda assim valem a pena. Vivemos em uma sociedade de consumo, e manter sua palavra, estar sempre presente para dar apoio a alguém, demonstrar-se disponível e confiável fazem você se destacar como uma pessoa de valor. E isso é muito bom.

Hoje em dia temos vergonha de ser "bons" por medo de que as pessoas nos considerem "certinhos". Mas isso é uma coisa completamente diferente. Não deixar de acreditar é algo que você faz. Ser um "certinho" é tentar converter os outros. Ter seus próprios valores e guardá-los para si mesmo (obedecendo à *regra 1*) é muito bom. Tentar fazer com que todos os outros façam o mesmo que você é que é ruim. Isso faz de você um "certinho". Não, isso não se aplica a mim, porque estou apenas transmitindo informações, não estou tentando converter ninguém. Se você vai assimilar e colocar em prática o que estou dizendo, fica por sua conta. Mas posso lhe garantir que acredito nisso, e as informações que estou transmitindo hoje serão as mesmas que transmitirei daqui a 20 anos. Valores antiquados nunca saem de moda (ou talvez nunca tenham sido moda), e não serei eu a desapontá-lo.

Aí está mais um trecho do mesmo poema:

"...*Estávamos orgulhosos*
E ríamos, pois havia tantas coisas corajosas e verdadeiras a dizer."

"Não deixar de acreditar é algo que você faz. Ser um 'certinho' é tentar converter os outros."

REGRA 34

VOCÊ NUNCA VAI ENTENDER TUDO

Somos humanos complexos e minúsculos, num mundo complexo e imenso (e num universo ainda maior). Este fato é tão inimaginável e fantasticamente estranho que, acredite, jamais entenderemos tudo. Isso se aplica a todos os níveis e a todas as áreas da vida. Assim que você aceitar esta regra, vai dormir melhor à noite.

Provavelmente há – e sempre haverá – algumas coisas que você não será capaz de entender acontecendo à sua volta. As pessoas vão se comportar de maneiras estranhas, e você não vai entender por quê. As coisas inesperadamente vão dar errado – ou certo – e isso não vai fazer sentido para você. A busca desesperada pela compreensão de tudo isso vai levá-lo à loucura. É muito melhor aceitarmos que sempre haverá coisas que não conseguiremos compreender e deixar para lá.

O mesmo vale para as grandes questões – por que as coisas acontecem conosco, o que estamos fazendo aqui, o que há depois da morte, etc. Algumas dessas coisas nunca saberemos, outras podemos pesquisar e descobrir, mas tenho a impressão de que, se isso acontecer, vamos ver que não era nada do que imaginávamos.

Atualmente recebemos informações numa velocidade maior do que qualquer ser humano – ou qualquer computador – é capaz de processar. Simplesmente não podemos compreender tudo. Não conseguimos sequer entender uma minúscula fração de tudo isso. O mesmo acontece com nossas vidas. As coisas à nossa volta acontecem num ritmo que nos torna impossível chegar ao fundo de qualquer situação, porque, quanto mais depressa tentamos entender, mais o quadro muda, surgem novas informações e nossa compreensão se transforma.

Seja curioso, faça perguntas, pense nas respostas, fale com outras pessoas se quiser – mas saiba que nem sempre isso lhe dará uma solução clara e concreta. As pessoas não agem sempre de maneira racional. A vida nem sempre faz sentido. Deixe tudo isso de lado e descubra a paz de espírito que chega com a aceitação de que você nunca poderá entender tudo. Algumas vezes, as coisas simplesmente são assim.

"As pessoas vão se comportar
de maneiras estranhas...
As coisas inesperadamente
vão dar errado – ou certo."

REGRA 35

SAIBA DE ONDE VEM A VERDADEIRA FELICIDADE

Não, eu não estou prestes a revelar o segredo que as pessoas procuram desde o início dos tempos – de onde vem a verdadeira felicidade. Mas eu sei perfeitamente onde ela *não pode* ser encontrada. E tenho uma idéia de onde ela deve estar. Vejamos um exemplo. Você sai para comprar um novo carro/casa/terno/computador ou qualquer coisa que o faça se sentir animado. Você tem o dinheiro, compra o que queria e isso faz você se sentir incrível/feliz/excitado/fantástico. Agora imagine quem construiu/fabricou/criou isso que você comprou. Em que parte desse objeto essa pessoa colocou o que você está sentindo? Acho que é você quem produz esse sentimento.

Agora imagine que se apaixonou. De novo, é uma sensação incrível. Você se sente bem, feliz, entusiasmado. Você vai encontrar seu novo amor e, quando o vê, essa sensação se espalha em todas as direções. Você se sente maravilhado porque está com a pessoa amada e é ela que gera isso. Certo? Errado. De novo, é você quem produz tudo isso. Olhar para essa pessoa pode desencadear essas sensações, mas, mesmo que ela viaje para o outro lado do mundo, você ainda terá o sentimento.

Você foi demitido. Isso é horrível. Você acerta as contas e recebe a rescisão do contrato. Vai embora arrasado. Sente-se como se não valesse nada. Mas em que parte dessa documentação estão esses sentimentos? Em parte nenhuma, é claro. Mais uma vez, tudo está dentro de você. Diariamente vamos para o trabalho correndo o risco de experimentar essa sensação de "Acabei de ser despedido". Todos nós, quando conhecemos pessoas novas, temos a chance de experimentar o sentimento de "Estou completamente apaixonado".

Mas nenhuma paixão, nova compra ou demissão pode fazer os sentimentos correspondentes durarem por mais tempo do que levamos para superá-los. As pessoas se acostumam a fazer compras ou se apaixonar simplesmente porque gostam da sensação que essas coisas trazem, mas não percebem que têm esse sentimento dentro delas. Elas precisam de uma nova "dose" porque acreditam que esse é o único jeito de manter a sensação agradável. O segredo é encontrar uma forma de desencadear esse sentimento sem que mais nada nem ninguém esteja envolvido. Não, eu não sei fazer isso. Você vai ter de descobrir sozinho. Uma dica: a solução está justamente no último lugar em que você pensaria em procurar. Sim, bem dentro de você.

"Acho que é você quem produz esse sentimento."

REGRA 36

SAIBA QUANDO DESISTIR E SEGUIR EM FRENTE

Algumas vezes, você simplesmente terá de seguir em frente. Todos odiamos fracassar, odiamos desistir, odiamos nos entregar. Todos gostamos dos desafios da vida e queremos continuar tentando até que seja lá o que queremos "conquistar" tenha sido superado, derrotado, vencido, conquistado. Mas algumas vezes isso simplesmente não vai acontecer, e temos de aprender a reconhecer esses momentos, dar de ombros e seguir em frente, com o orgulho e a dignidade intactos.

Se um relacionamento está acabando, em vez de entrar em joguinhos longos e complicados – e potencialmente muito dolorosos –, aprenda a arte de seguir em frente. Se está acabado, caia fora. Esta não é uma regra referente a relacionamentos – está aqui porque se destina a você, a protegê-lo e ajudá-lo a crescer. Isso não tem nada a ver com os "outros", apenas com você mesmo. Se o relacionamento morreu, não o desenterre a cada cinco minutos para ver se o pulso voltou. Está acabado, siga em frente.

Você pode querer dar o troco – não se enfureça, apenas siga em frente. Isso é muito melhor do que tentar uma revanche, porque demonstra que você está acima de qualquer coisa que o tenha aborrecido. E não há melhor maneira de se vingar do que ignorar alguma coisa tão completamente a ponto de deixá-la para trás.

Desistir e seguir em frente significa que é você quem exerce o controle e que tem capacidade de tomar boas decisões – você está fazendo sua escolha em vez de deixar que a situação controle sua vida.

Não quero ser grosseiro, mas seus problemas – e os meus também – nunca vão merecer nem mesmo uma nota de rodapé na história do universo. Siga em frente agora e olhe para trás daqui a 10 anos. Aposto que você precisará se esforçar muito para se lembrar do que tudo isso representava. Não, esta não é uma cruzada sob o lema "O tempo cura tudo". Mas, se você se afastar dos seus problemas, poderá vê-los com mais clareza sob uma perspectiva melhor. E a maneira de conseguir isso é seguir em frente, para criar esse distanciamento. O tempo se encarregará do resto. No devido tempo, é claro.

"Se o relacionamento morreu, não o desenterre a cada cinco minutos para ver se o pulso voltou. Está acabado, siga em frente."

REGRA 37

CUIDE-SE

Você é o Chefe, o Capitão, a Força Propulsora. Se ficar doente, quem vai comandar o navio? Não há mais ninguém. O mais sensato é você se cuidar. Não tenho a menor intenção de lhe dar um sermão aqui e mandá-lo dormir cedo, comer verduras e fazer exercícios – isso seria uma grande hipocrisia, porque eu mesmo não faço muitas dessas coisas. O que não significa que você não deva fazer. Todos esses são bons conselhos.

Um check-up regular pode ser uma boa idéia para cortar qualquer mal pela raiz. Eu faço um anualmente. Eu também poderia dizer que alguns alimentos funcionam como dinamite e o deixam cheio de energia, aceleram seu metabolismo e fazem você se sentir bem. Outros, ao contrário, o deixam preguiçoso, são armazenados em forma de gordura e fazem você se sentir sem forças. Podem também causar-lhe prejuízos a longo prazo, como alguns entupimentos. A escolha é sua, mas sua máquina funciona melhor com alimentos que fornecem muita energia e pior se você comer porcaria.

O mesmo vale para o sono. Se não dormir o suficiente, você vai ficar cansado. Se dormir demais, se sentirá letárgico. A quantidade exata faz você se sentir ótimo. Se acordar e voltar a dormir, se sentirá confuso. Se levantar imediatamente, vai se sentir bem – e nobre. E não há nada melhor que isso. Mas tudo isso é você quem decide. Ninguém vai ficar no seu pé para garantir que se lavou atrás das orelhas ou que seus sapatos estão limpos e engraxados. Você é adulto e não depende mais de ninguém. Fantástico. Mas isso também significa que a responsabilidade é toda sua.

Os jogadores que seguem as regras comem bem, dormem bem, descansam bastante, praticam exercícios (não, jogos de computador não contam). Eles também se mantêm longe de qualquer situação potencialmente perigosa. Sabem como ficar fora de perigo, evitam encontros que possam constituir alguma ameaça e, de um modo geral, se cuidam.

Cuidar-se significa exatamente isso. Não é depender de outra pessoa para alimentá-lo na hora certa e de maneira adequada, lavá-lo e vesti-lo para sair, mantê-lo confortável, bem-cuidado, saudável e levá-lo para passear regularmente. Ser adulto é ótimo. Você pode passar a noite inteira numa festa, se quiser, mas também pode preferir se cuidar.

"Você é adulto e não depende mais de ninguém."

REGRA 38

TENHA SEMPRE BOAS MANEIRAS

Em seu maravilhoso livro *Watching the English*,* Kate Fox comenta que, em qualquer pequena transação, como a compra de um jornal, se ouvirá três vezes "por favor" e duas vezes "obrigado" – no mínimo. Sim, os ingleses (assim como alguns outros povos) são incrivelmente educados. Mas o que há de errado nisso? Temos de interagir com inúmeras pessoas todos os dias e um pouco de educação é ótimo. O jogador que segue as regras conserva as boas maneiras em qualquer ocasião. E, se você não tem idéia do que sejam boas maneiras, então temos um problema sério.

Você provavelmente acredita que já tem boas maneiras. A maioria de nós pensa assim. Entretanto, quanto maiores sua pressa e seu nível de estresse, mais tenderá a deixar de lado a boa educação. Todos nós, se formos honestos, admitiremos que, quando nos sentimos esgotados, esquecemos de manifestar gratidão de maneira adequada.

Por mais que você esteja com pressa ou exausto (e seguir as regras vai diminuir essa sensação), sempre deve se esforçar para manter as boas maneiras:

- entrar na fila sem empurrar;
- elogiar as pessoas quando preciso (e quando elas merecerem;

---

* *Watching the English: The Hidden Rules of English Behaviour* [Observando os ingleses: as regras ocultas do comportamento inglês], de Kate Fox (Hodder & Stoughton, 2004).

não há sentido em fazer elogios à toa, quando não são justificados);
- não meter o nariz onde não for chamado;
- cumprir suas promessas;
- guardar segredos;
- manter as regras básicas de etiqueta à mesa (ora, você sabe muito bem quais são: não apoiar os cotovelos na mesa, não colocar muita comida na boca, não mastigar de boca aberta ou falar de boca cheia);
- não gritar com as pessoas que o atrapalharem;
- pedir desculpas se incomodar alguém;
- ser gentil;
- não praguejar nem blasfemar;
- segurar a porta para os outros passarem;
- ficar de lado quando vir gente correndo;
- responder quando falarem com você;
- dizer "bom dia" e coisas desse tipo;
- agradecer às pessoas quando forem gentis ou lhe fizerem um favor;
- ser hospitaleiro;
- observar os costumes dos outros grupos;
- não comer o último pedaço de bolo;
- mostrar-se amável e encantador;
- oferecer água aos visitantes e acompanhá-los até a porta para se despedir.

Não importa quantas vezes por dia você tenha pequenas interações com outras pessoas, não deixe de lado as boas maneiras. Elas não custam nada, podem gerar boa vontade e tornar a vida de todo mundo mais agradável.

REGRA 39

LIVRE-SE DE COISAS VELHAS

Por quê? Porque colecionar coisas desnecessárias deixa sua casa, sua vida e sua mente desordenadas. Uma casa confusa representa um pensamento confuso. Os jogadores que seguem as regras pensam de forma clara e direta e não colecionam lixo. Ah, se fosse assim... É claro que todos nós juntamos coisas velhas. Apenas estou sugerindo que você faça uma limpeza de vez em quando, ou acabará emocionalmente soterrado e terá cada vez menos clareza de pensamento.

Jogar algumas coisas fora lhe dá a oportunidade de se livrar do que é inútil, difícil de limpar, feio e sem graça, ou do que está sobrando, quebrado e fora de moda. William Morris disse para não termos em casa nada que não fosse útil ou bonito. Uma boa limpeza vai fazer você se sentir revigorado, revitalizado e o deixará mais consciente do que está guardando – e qualquer coisa que nos deixa mais conscientes é boa, pelo menos é no que acredito.

Mais uma vez percebi uma diferença entre pessoas bem-sucedidas e pessoas que ficam para trás, sem conseguir fazer com que suas vidas decolem. Aqueles cheios de energia e de capacidade de realização são os que têm uma habilidade espantosa de jogar coisas fora, cortar os excessos, separar o joio do trigo. Aqueles que têm dificuldade de sair do lugar são os que carregam um monte de sacos plásticos cheios de objetos inúteis que compraram em bazares de caridade e nunca se deram ao trabalho de jogá-los fora – na verdade, nunca nem ao menos abriram os sacos –, têm móveis cheios de tralhas que só ocupam espaço, gavetas repletas de coisas quebradas e armários lotados de roupas que não lhes cabem mais ou que saíram de moda há tanto tempo que podem até ter algum valor para colecionadores, mas jamais voltarão a ser usadas em público.

Fazer esse tipo de limpeza tem um "efeito de desafogamento". Você ganha mais espaço em casa, sente-se mais no controle e se livra da sensação sufocante causada por pilhas de coisas espalhadas por toda parte. Você não precisa viver em uma casa impecável, com móveis planejados e estilo minimalista. Só estou sugerindo que, se quer descobrir o que o impede de progredir na vida, tente olhar dentro dos armários da cozinha, embaixo da cama ou no alto do guarda-roupa do quarto de hóspedes.

"Faça uma limpeza de vez em quando ou acabará emocionalmente soterrado."

REGRA 40

LEMBRE-SE DE VOLTAR À BASE

Para poder voltar à base, você tem de saber onde ela fica. Sua base é seu lar. Sua base é o lugar ao qual você pertence, onde se sente confortável, seguro, amado e restaurado, onde sente que confiam em você. Sua base é onde você se sente forte e no controle. Sua base é qualquer lugar em que, metafórica e fisicamente, você pode tirar os sapatos e descansar a cabeça com segurança, porque sabe que alguém está cuidando de você.

Todos nós vivemos cada vez mais ocupados e apressados. Todos somos tomados pelas atribulações da vida de tal forma que perdemos de vista o lugar para onde estávamos indo, o que planejávamos fazer e conquistar. Voltar à base significa retornar ao lugar onde sonhamos e planejamos tudo, significa voltar ao lugar em que você estava antes de se perder.

Voltar à base também pode significar a redescoberta de nossas raízes – essenciais nessa época em que nos movimentamos tanto de um lugar para outro. Saber quem é sua família, de onde você veio, qual é sua verdadeira origem. É normal termos ambição e nos afastarmos de nossas raízes, mas também é importante saber quem somos e de onde viemos. Você pode observar isso em celebridades que se tornaram incrivelmente famosas ou ricas. Com freqüência elas tentam negar seu passado e fingem ser diferentes do que eram, e por isso muitas vezes se mostram superficiais e falsas.

Para você, a base pode ser o lugar onde cresceu e onde viveu os sentimentos que experimentou na sua infância – esperanças e medos de sua juventude. Ou pode ser uma pessoa que lhe proporciona uma base – seu melhor amigo, com quem conviveu durante muitos anos e que pode lembrá-lo de como você era antes que tudo ficasse tão confuso.

Não importa qual seja sua situação, sempre haverá algo que funcione como um porto seguro, se você procurar. Não precisa ser o lugar onde você nasceu ou foi criado. Se você se esforçar bastante, será capaz de criar uma nova base para você. Qualquer lugar em que se sentir seguro está ótimo.

Todos precisamos passar algum tempo com pessoas ou em lugares em que podemos ser nós mesmos, sem necessidade de explicar, justificar, apresentar nosso currículo ou causar boa impressão. Essa é a alegria de voltar à base – estar em algum lugar onde é aceito sem questionamentos e onde tudo faz você se lembrar do que realmente é importante. Quando voltamos à base nos perguntamos por que ficamos afastados por tanto tempo.

"Voltar à base significa voltar ao lugar onde você estava antes de se perder."

REGRA 41

DEMARQUE SEUS LIMITES PESSOAIS

Limites pessoais são linhas imaginárias que você traça à sua volta e que ninguém deve cruzar, nem física – a menos que seja convidado – nem emocionalmente. Respeito, privacidade, decência, bondade, amor, confiança e honra são alguns dos seus direitos básicos. Se as pessoas cruzarem essas linhas, se ultrapassarem os limites, você tem o direito de dizer: "Não, eu não vou tolerar isso."

Mas primeiro você tem de traçar essas linhas. Você precisa saber o que vai aceitar ou não. Você tem de definir os limites em sua própria mente, antes de esperar que os outros os respeitem.

Quanto mais seguro de seus limites você estiver, menos poder de afetá-lo os outros terão. Quanto mais claramente definidos forem os limites, mais você perceberá que as atitudes das outras pessoas têm a ver com elas e não com você – e vai parar de levar as coisas para o lado pessoal.

Você tem direito a um auto-respeito básico. Você não pode esperar que os outros o respeitem se você mesmo não se respeitar. E não será capaz de fazer isso até que tenha estabelecido claramente quem e o que você é. E definir seus limites faz parte desse processo. Você tem de se sentir importante o suficiente para demarcar essas linhas. E depois precisa ser bastante autoconfiante para mantê-las fortes e nítidas.

Estabelecer limites pessoais significa que você não precisa mais ter medo das outras pessoas. Agora você dispõe de uma idéia clara do que vai ou não aceitar. Assim que alguém cruzar a linha que separa o comportamento aceitável do inaceitável, se torna bastante fácil dizer: "Não, eu não quero ser tratado assim/ que falem assim comigo."

Provavelmente a melhor maneira de começar essa mudança é com a própria família. Ao longo dos anos, ficamos presos a alguns padrões de comportamento. Digamos, por exemplo, que você está acostumado a visitar seus pais e a voltar para casa sentindo-se mal porque eles sempre o colocam para baixo e o fazem se sentir inadequado. Você pode mudar as coisas dizendo a si mesmo: "Eu não vou mais tolerar isso." E não tolere mais. Diga o que pensa. Diga que não gosta de ser criticado, que não quer mais ser repreendido ou diminuído, você é adulto agora e tem o direito de ser respeitado e encorajado.

Estabelecer limites pessoais nos permite resistir a pessoas abusadas, grosseiras e agressivas, pessoas que querem tirar vantagem de nós e nos usar de uma forma insensata e ruim. As pessoas de sucesso conhecem seu próprio valor e não se deixam enrolar. São capazes de reconhecer chantagens emocionais, pessoas que fazem joguinhos de poder ou de sedução, que querem subir na vida, que são carentes e fracas, que descarregam seus problemas sobre os outros ou que precisam diminuir alguém para se sentirem grandes. Assim que você tiver traçado essas linhas, fica muito mais fácil mantê-las e ser firme, resoluto, forte e seguro.

"Estabelecer limites pessoais significa que você não precisa mais ter medo das outras pessoas."

REGRA 42

COMPRE PELA QUALIDADE, E NÃO PELO PREÇO

Tenho de admitir que foi minha esposa que me ensinou essa regra e estarei eternamente em dívida com ela por isso. Para mim, parecia a coisa mais natural do mundo comprar as coisas pelo preço. Talvez seja assim que os homens agem. Eu escolhia o que queria, então saía e comprava os itens mais baratos disponíveis, sentindo-me realmente satisfeito por ter economizado. E depois eu sempre ficava insatisfeito com o que havia comprado. As coisas quebravam ou não funcionavam direito ou se desgastavam depressa ou ficavam com aparência de velhas em pouco tempo. Eu precisava aprender a arte de comprar qualidade.

Basicamente:

- Aceite apenas o que houver de melhor – o segundo lugar não serve para você, nunca.
- Se não tiver dinheiro para pagar, não compre *ou* espere até economizar o suficiente.
- Se precisar com urgência, compre o melhor que puder pagar.

É bem fácil, não é? Bem, para mim não foi tão fácil assim. Precisei de muito tempo até finalmente aceitar esta regra. Não é que eu não admire – ou não admirasse à época – um artigo de qualidade, ou não apreciasse a excelência; mas eu era muito impulsivo. Se eu achasse que precisava de alguma coisa, queria adquiri-la imediatamente. E, se não pudesse ter o melhor, me satisfazia com o mais barato. De fato, de acordo com uma mentalidade bastante inglesa, eu achava que "comprar com grande desconto" era o mais importante. Nós não gostamos de falar de dinheiro nem de nos vangloriar do quanto alguma coisa nos custou. Isso é muito vulgar – o melhor é comprar objetos vulgares mesmo. Acho que não.

Comprar pela qualidade não significa que somos presunçosos ou que queremos parecer melhores, muito menos ostentar um estilo de vida além das nossas possibilidades – se não tiver dinheiro para pagar, não compre. Buscar a qualidade significa que você aprecia as melhores coisas da vida e que entende que os motivos para adquirir artigos bem-feitos são simplesmente porque essas coisas:

- duram mais;
- são mais resistentes;
- não quebram tão facilmente.

E isso significa que você não vai precisar substituí-las com a mesma freqüência, assim você estará economizando. E esses artigos também farão você parecer e se sentir melhor.

Agora que aceitei esta regra, realmente gosto da sensação que tenho antes de comprar alguma coisa. Certifico-me de realmente estar comprando pela qualidade, e não pelo preço. É claro que ainda faço uma pesquisa de mercado à procura de uma barganha – mas agora procuro primeiro os itens de qualidade e depois tento comprá-los pelo menor preço possível.

"Se não tiver dinheiro para pagar, não compre."

REGRA 43

É NORMAL SE PREOCUPAR – OU SABER QUANDO ISSO NÃO É PRECISO

O futuro é incerto, oculto e amedrontador. Não seríamos humanos se não nos preocupássemos às vezes. Nós nos preocupamos com nossa saúde, nossos pais, filhos e amigos, nossos relacionamentos, nosso trabalho e nossos gastos. Nós nos preocupamos porque estamos ficando mais velhos, mais gordos, mais pobres, mais cansados, menos atraentes, fora de forma, menos atentos, etc. Nós nos preocupamos com algumas coisas importantes e outras nem tanto. Algumas vezes, nos preocupamos por não estarmos preocupados.

Preocupar-se é normal. Desde que realmente haja algo com que se preocupar. Se não houver, você está apenas criando algumas rugas – e isso o faz parecer mais velho.

A primeira coisa a fazer é decidir se existe ou não algo que você possa fazer a respeito do que quer que o esteja preocupando. Em geral, existem passos lógicos que devem ser seguidos para se acabar com o problema.

Se você estiver preocupado:

- procure um aconselhamento prático;
- consiga informações atualizadas;
- faça alguma coisa, qualquer coisa, desde que seja construtiva.

Se estiver preocupado com sua saúde, procure um médico. Se estiver preocupado com dinheiro, reveja o orçamento e gaste com cuidado. Se estiver preocupado com seu peso, se inscreva em uma academia e coma menos. Se estiver preocupado com um gatinho perdido, telefone para o veterinário, para a polícia, para a sociedade protetora dos animais. Se estiver preocupado por estar envelhecendo, não há nada que possa fazer – isso vai acontecer de qualquer jeito.

Se não há nada a fazer a respeito do que o preocupa (ou se você é um preocupado crônico, à beira da neurose), então a única resposta é alguma distração. Deixe-se absorver por alguma outra coisa. O húngaro Mikhail Csikszentmihalyi (um nome impressionante, não?), co-fundador da Psicologia Positiva, identificou uma coisa que chamou de "fluxo" – é quando você fica tão absorvido em determinada tarefa, completamente imerso no que está fazendo, que se torna quase inconsciente dos eventos externos. É uma experiência muito agradável e acaba com qualquer tipo de preocupação. Ele também disse: "A qualidade de nossas vidas melhora imensamente quando encontramos pelo menos uma outra pessoa que esteja disposta a ouvir nossos problemas."

Preocupar-se pode ser um sintoma de que você realmente não quer *fazer* alguma coisa a respeito do problema. Simplesmente continuar preocupado – ou pelo menos parecer preocupado – pode ser mais fácil do que fazer alguma coisa. É normal se preocupar da maneira adequada, de uma forma útil e eficiente. O que não está certo é ficar se preocupando inutilmente ou sem motivo. Ou até isso é certo, mas é um grande desperdício de vida.

"...você está apenas criando algumas rugas – e isso o faz parecer mais velho."

REGRA 44

MANTENHA-SE JOVEM

Eu disse anteriormente que era inútil você se preocupar em envelhecer, porque não há nada que possa fazer a respeito. É inevitável. Então por que essa regra que diz "*Mantenha-se jovem*"? Bem, ficar mais velhos fisicamente é uma coisa pela qual todos temos de passar, e tentar evitar isso por meio de diversas cirurgias e coisas desse tipo não faz sentido. O melhor é se manter jovem. Mental e emocionalmente, quero dizer.

Manter-se jovem significa experimentar coisas novas e não ficar resmungando ou repetindo o que as pessoas dizem à medida que ficam mais velhas. Não é escolher sempre a opção mais segura, é enfrentar tudo que está acontecendo e não desistir de coisas como andar de bicicleta, só porque se acha velho demais para isso (se você for muito jovem, peço-lhe desculpas por tudo isso, mas acredite que você vai precisar desta regra um dia).

Ontem li uma história de um homem que tinha acabado de fazer uma viagem pelas ilhas gregas com o pai, como mochileiros. Ele disse que teve dificuldade em manter o mesmo ritmo que o pai, que tem 78 anos. Isso é se manter jovem. Conheço uma mulher de sessenta e poucos anos que diz que se sente exatamente como quando tinha 21. E isso se reflete em seu aspecto físico. Isso é se manter jovem.

Manter-se jovem significa experimentar novos sabores, ir a lugares novos, tentar novos estilos, manter a mente aberta, não se tornar um reacionário (hummm, acho que eu devia ler isso de novo) nem desaprovar cada vez mais coisas novas, não se satisfazer com o que sempre teve ou fez. Manter-se jovem significa conservar uma visão renovada do mundo, mostrar-se interessado, estimulado, motivado, aventureiro.

Manter-se jovem é um estado de espírito.

"Manter-se jovem significa experimentar novos sabores, ir a lugares novos, tentar novos estilos."

REGRA 45

DINHEIRO NEM SEMPRE RESOLVE TODOS OS PROBLEMAS

Anos atrás, quando eu trabalhava em uma indústria, sempre que alguma coisa não estava dando certo, meu chefe suspirava e dizia: "Bem, acho que podemos tentar a 'Solução Americana'."* Basicamente, o que ele queria dizer era injetar dinheiro no problema até que ele desaparecesse. No trabalho, essa atitude pode operar maravilhas, mas os problemas da vida normalmente precisam de um envolvimento maior, de um toque mais delicado. Tendemos a pensar que, simplesmente investindo bastante dinheiro, os problemas se resolverão, em vez de procurarmos formas de resolvê-los definitivamente, mas que requerem tempo, atenção e cuidado.

Vamos voltar ao assunto do envelhecimento. Você pode achar que investir dinheiro nesse problema, sob a forma de cirurgias plásticas, é a solução, mas não é. Isso apenas adia as coisas e pode criar problemas ainda maiores. É muito melhor trabalhar nossa forma de pensar sobre o envelhecimento e aceitá-lo de forma digna e graciosa. Se alguém de quem você gosta parece perturbado, tenso, diferente de seu normal, comprar-lhe um presente pode até deixá-lo mais alegre, mas uma opção melhor (e mais econômica) é encontrar um tempo para dar uma caminhada

---

*Não quero, de forma alguma, criticar os americanos ou suas soluções. Investir dinheiro funciona. Não faço nenhuma objeção a esse método no trabalho. Só que na vida pessoal não costuma ser tão eficiente. Mas não tenho a intenção de ser grosseiro.

junto com ele e perguntar o que está acontecendo, dar a ele uma oportunidade para falar do problema.

Acreditamos que gastar mais dinheiro resolve qualquer problema. Mas talvez às vezes seja necessária uma abordagem mais antiquada, dedicando tempo e atenção a descobrir o que está acontecendo. Como nossos avós faziam. Quando uma coisa parava de funcionar, eles não a jogavam fora e compravam uma nova – eles sentavam-se pacientemente e tentavam descobrir o que estava errado e se havia uma maneira de fazê-la funcionar de novo. Isso também valia para relacionamentos, tanto quanto para relógios ou chaleiras.

Injetar dinheiro nas coisas nos dá a sensação de sermos poderosos e adultos, quando na verdade deveríamos dar um passo atrás e ver se não seria melhor mudar a situação utilizando outros meios. Eu sei que tenho tanta culpa nisso quanto qualquer outra pessoa. Comigo acontece principalmente com automóveis. Compro um carro – geralmente um modelo caro, temperamental e de consertos caros. Então, quando começa a dar problemas, o que sempre acontece, pago a oficina para vir buscá-lo e gasto uma fortuna para que seja consertado. Como minha vida seria mais simples se eu pudesse voltar atrás e perceber logo no início que não era o carro ideal, que sua aquisição seria um erro. Investir dinheiro nele agora não resolve o problema, simplesmente o adia um pouco, até a próxima vez em que parar de funcionar. E certamente vai. Pode acreditar em mim, vai sim, sempre acontece.

"Investir dinheiro não resolve o problema, simplesmente o adia um pouco."

REGRA 46

PENSE POR SI PRÓPRIO

Você pode pensar que esta regra é tão óbvia que não entende o que ela está fazendo aqui. Peço desculpas se pareço condescendente, simplista ou totalmente rude. Não tenho a intenção de ofender nem insultar ninguém e acho excelente que você saiba pensar sozinho. O que eu pretendo dizer com esta regra é que precisamos ter opiniões muito claras, baseadas em nossa própria identidade, e que devemos ser seguros de *nós mesmos*, de modo que não sejamos influenciados pelo que outras pessoas pensam a nosso respeito. Isso é mais difícil do que parece à primeira vista. Todos somos vulneráveis por dentro. Todos temos medos e preocupações. Todos queremos ser amados e aceitos. Todos queremos nos integrar, fazer parte de um grupo e ser reconhecidos. Todos queremos ter a sensação de pertencimento. A tentação é dizer: "Serei qualquer coisa que vocês quiserem que eu seja."

Ser original, criativo ou diferente pode nos dar a idéia de que nos destacamos demais e seremos excluídos. Mas as pessoas bem-sucedidas de verdade não são excluídas, em vez disso se tornam líderes por causa de sua originalidade e diferença. Se você for inconveniente, grosseiro ou maldoso, sem dúvida será excluído. Mas, se você for bom, atencioso, respeitoso e gentil, então será amado e aceito. Se, além disso, você tiver idéias originais, será tomado como exemplo, respeitado e admirado.

Para pensar por si próprio, você deverá ser consciente de quem é e ter idéias muito claras, além de ter certeza de que elas realmente são suas – é inútil pensar por si próprio se suas idéias forem confusas e desconexas.

Tenho uma amiga muito inteligente, mas todas as suas opiniões são retiradas de um único jornal de circulação nacional. Qualquer que seja a posição desse periódico sobre qualquer assunto, ela a adotará. Ela confia plenamente nesse jornal e é incapaz de perceber como seus pontos de vista são previsíveis – já que sempre se fundamentam no que ela lê. Ela vai defender suas opiniões de forma bem articulada, enérgica e muito racional, mas sempre de acordo com o ponto de vista do jornal. Todos podemos ser um pouco assim, por isso precisamos modificar nossas fontes de informação de vez em quando, para garantir que nossas opiniões permaneçam atualizadas e sejam originais.

É claro que pensar por si próprio significa que você precisará (a) ter um assunto sobre o qual pensar e (b) realmente pensar nele. Observe um grupo de pessoas que você conhece. Se elas estiverem em paz com a vida, aposto que preenchem essas duas condições. Se estiverem inconformadas e confusas, aposto que não se enquadram em nenhuma delas.

"Todos queremos nos integrar, fazer parte de um grupo e ser reconhecidos. Todos queremos ter a sensação de pertencimento."

REGRA 47

VOCÊ NÃO ESTÁ NO CONTROLE

Lamento se isso lhe causa surpresa, mas você não está no controle, não importa que queira estar, não importa que você pense estar, não importa quanto mereça estar. Mas isso também não significa que outra pessoa esteja no controle. Pode ser que todos estejamos no mesmo trem desgovernado e sem maquinista, ou pode ser que exista algum maquinista na cabine (ele pode ser louco, estar embriagado ou ter dormido, mas essa é uma questão completamente diferente).

Assim que você aceitar que não está no controle, vai parar de se preocupar com tantas coisas, que se sentirá livre. Em vez de ficar se queixando "Por que as coisas não são desse jeito?", pode simplesmente aceitar que não são e deixar para lá. Em vez de ficar batendo a cabeça contra uma parede de tijolos, metaforicamente falando, você pode ir embora assobiando, com as mãos nos bolsos – afinal de contas, você não está no controle e, portanto, não é o responsável.

Assim que você conseguir aceitar a maravilhosa idéia de que está aqui para gozar a vida e não para fazer as coisas acontecerem, então se sentirá livre para sentar-se ao sol mais algumas vezes e tirar um tempo de folga.

As coisas acontecem. Coisas boas e ruins. Pode haver um maquinista ou não. Você pode culpar o maquinista, se quiser. Você também pode aceitar que, se não houver um maquinista, a viagem às vezes será assustadora, excitante, entediante ou linda (na verdade, haver ou não um maquinista não faz diferença). Você tem de experimentar tanto as coisas boas como as ruins.

Isso é um fato. Se você ou eu estivéssemos no controle, provavelmente iríamos interferir demais e eliminaríamos a maior parte dos acontecimentos ruins. Dessa forma, a raça humana desapareceria rapidamente por conta da estagnação, falta de desafios, falta de motivação e falta de excitação. Afinal de contas, são as coisas ruins que nos enchem de energia, nos fazem aprender e nos dão razões para continuar vivendo. Se tudo fosse um mar de rosas, seria extremamente fácil e chato.

Todavia, há uma pequena ressalva a ser feita. Você pode não estar dirigindo o espetáculo, mas isso não o dispensa de todas as responsabilidades. Você ainda tem obrigações – você ainda precisa tratar com respeito o mundo em que vive e as pessoas com quem convive –, simplesmente não é responsável por todo o espetáculo e tudo que faz parte dele.

Ao perceber que não está no controle, você pode encarar a vida como um filme e torcer nos momentos excitantes, chorar nas cenas tristes e se esconder durante os momentos mais assustadores. Mas você não é o diretor, nem mesmo o encarregado da projeção. Você não é nem o lanterninha.* Você faz parte do público, aproveite o espetáculo.

---

*Provavelmente existe uma terrível palavra moderna e politicamente correta para essa profissão. Por favor, não me escreva para dizer.

REGRA 48

TENHA ALGUMA COISA QUE TIRE SEU FOCO DE VOCÊ MESMO

Tenho uma amiga que confia plenamente em seus cães galgos. Não importa quanto ela se sinta triste, quão duro tenha sido seu trabalho, quão chata esteja sua vida, não importa quanto ela se sinta cansada, contrariada ou zangada nem quão ruim tenha sido seu dia, quando chega em casa e tem aquela incrível recepção de seus cães tudo passa a valer a pena. A melancolia vai embora e ela se sente imediatamente restaurada, calma, feliz e amada.

Para mim, são meus filhos e o lugar onde moro. Embora as crianças às vezes me enlouqueçam, sempre existe alguma coisa incrivelmente mágica na maneira como encaram o mundo e como crescem. Quanto ao lugar em que vivo, é só pensar em voltar para casa que já começo a me sentir aliviado e revigorado.

Para cada um de nós haverá alguma coisa diferente, mas que funciona do mesmo modo, que age de forma muito positiva. E o melhor desta regra é que, invariavelmente, não são as coisas que custam dinheiro que têm esse poder. As coisas que nos animam costumam ser mágicas de alguma forma – uma paisagem ou uma determinada pessoa, um animal de estimação ou uma criança, um livro ou o filme favorito ao qual recorremos para recarregar as energias. Pode ser um estado de espírito que atingimos por meio de algum ritual, como ir a um lugar de adoração ou meditar. Pode ser uma determinada música que tranqüiliza nosso coração. Para alguns será arrumar sua coleção de selos, para outros será fazer algum trabalho de caridade ou se voluntariar em uma causa qualquer (não há nada melhor do que fazer algo pelos outros ou por um bem maior para tirar seu foco de você mesmo). Não importa o que seja, tenha alguma coisa, saiba o que é e faça uso disso. De nada adianta uma música que melhora seu humor se você não tocá-la de vez em quando.

Acredito que todos precisamos de alguma coisa para tirar nosso foco de nós mesmos e, quem sabe, parar de nos levarmos muito a sério. Quer seja um cão, uma criança ou uma conversa com alguém solitário em um abrigo, você precisa de alguma coisa que o faça perceber que o que acontece com você não é tão importante assim e que lhe lembre dos simples prazeres da vida.

"De nada adianta uma música que melhora seu humor se você não tocá-la de vez em quando."

REGRA 49

APENAS AS PESSOAS BOAS SE SENTEM CULPADAS

Pessoas más não sentem remorso, pois estão muito ocupadas sendo más. Pessoas boas se sentem culpadas *porque* são boas e acham que agiram incorretamente, fizeram mal a alguém, cometeram um erro ou estragaram as coisas em algum lugar. Pessoas boas têm consciência. Pessoas más, não. Se você se sentir culpado por alguma coisa, isso já é um bom sinal. Mostra que você está no caminho certo. Mas você tem de saber lidar com isso, porque a culpa é uma emoção terrivelmente egoísta. Além disso, é um desperdício e não serve para nada.

Nós temos duas escolhas: consertar as coisas ou jogar fora o sentimento de culpa. Sim, todos cometemos erros. Todos fazemos besteiras algumas vezes. Ninguém faz sempre "a coisa certa". E, se tivermos consciência, vamos nos sentir culpados de vez em quando. Mas o remorso é totalmente sem sentido, a menos que se faça alguma coisa para melhorar a situação. Se você não vai fazer nada, seria bem melhor sentir qualquer outra coisa.* Se você continuar se sentindo culpado, mas não fizer nada a respeito, então isso é pura perda de tempo e um desperdício de sua própria vida.

---

*Aversão por você mesmo, medo, pânico – todos são bons substitutos para a culpa, se você realmente precisa de um. Mas o melhor é simplesmente deixar para lá.

A primeira coisa a fazer é avaliar se você realmente precisa sentir remorso. Pode ser apenas um excesso de consciência ou senso de dever. Se você é o tipo de pessoa que está sempre disposta a ajudar e só dessa vez disse "não", então não há o menor motivo para se sentir culpado. No fundo você sabe que tinha o direito de ficar de fora. Se você pode escolher entre fazer ou não alguma coisa, então é simples: faça ou não faça, mas sem culpa. Tenha isso em mente ao tomar uma decisão. Sentir-se culpado depois não é uma opção.

Se o que você *fez* for o motivo do remorso, então, se puder, conserte as coisas. Esse é o curso de ação mais simples. E se você não conseguir consertá-las? Então aprenda a lição, tome uma decisão, jogue fora a culpa e siga em frente. Se a culpa continuar a atormentá-lo, você precisará encontrar uma forma de se livrar dela.

"Se você se sentir culpado por alguma coisa, isso já é um bom sinal."

REGRA 50

SE NÃO TIVER NADA DE BOM A DIZER, NÃO DIGA NADA

É muito fácil resmungar, reclamar ou criticar. É muito mais difícil encontrar sempre alguma coisa gentil para dizer sobre uma situação ou uma pessoa. Mas pense nisso, a partir de agora, como um grande desafio. Dizer alguma coisa gentil é difícil, porque nossa inclinação natural é reclamar. Se alguém lhe perguntar como foi seu acampamento no fim de semana, é mais fácil começar pelo tempo ruim, os problemas do local do acampamento e o comportamento irritante das pessoas do trailer ao lado do que descrever a alegria de estar com pessoas de quem gosta em uma paisagem fantástica. Quando um amigo lhe pergunta como está sua relação com o patrão, você normalmente se lembra das coisas desagradáveis que ele faz e que realmente o aborrecem antes de suas qualidades e aspectos positivos.

Não importa quão horrível seja uma pessoa, ela sempre terá algo de bom. Sua tarefa é encontrar esse pedacinho bom e salientá-lo, falar sobre ele, chamar a atenção dos outros para esse ponto. O mesmo vale para uma situação problemática. Eu me lembro de ter lido certa vez a respeito de uma pessoa que estava no metrô de Paris durante uma grande greve. Estava um caos, as pessoas se empurravam e espremiam e a situação era terrível. Havia uma mulher com uma criança pequena no meio da multidão, e tudo poderia ser muito assustador. Ela se inclinou para o menino e disse alegremente: "Isso, meu querido, é uma aventura." Esta se tornou uma de minhas frases favoritas em momentos de crise e de dificuldades.

Quando pedirem sua opinião a respeito de alguém, alguma coisa ou algum lugar, você precisa encontrar algo bom para dizer, algo agradável e positivo. Há muitas evidências de que agir de maneira positiva traz inúmeros benefícios, mas o mais perceptível é que as pessoas serão atraídas para você, sem nem saberem por quê. Seu jeito positivo é muito atraente. As pessoas gostam de ficar por perto de quem é otimista, positivo, feliz e autoconfiante. Precisamos morder nossas línguas mais vezes e dizer coisas positivas com mais freqüência.

É claro que, se você só vai falar coisas boas, isso exclui discussões, fofocas, calúnias, falatórios, mentiras, comentários grosseiros sobre os outros e queixas (você pode apontar defeitos ou problemas, mas de forma construtiva). Isso pode lhe dar uma grande lacuna para preencher.

Antes de abrir a boca, tente – só por uma semana – encontrar alguma coisa boa para dizer. Você vai ficar surpreso com a melhora que isso trará à sua vida, mas acredite apenas na minha palavra – apenas tente. Mas, se tudo falhar, se você realmente não conseguir pensar em nada de bom a dizer, então não diga nada.

"Isso, meu querido,
é uma aventura."

REGRAS PARA OS RELACIONAMENTOS*

Todos precisamos amar e ser amados. A maioria de nós deseja o conforto e a intimidade que um relacionamento traz. Não somos ilhas e precisamos compartilhar nossas vidas com alguém muito querido e próximo. Essa é a natureza humana. Não seríamos a raça fantástica que somos se não tivéssemos essa necessidade de dar e receber.

Porém – e este é um grande porém – os relacionamentos humanos são uma área em que podemos cometer diversos erros, sofrer grandes fracassos e, em geral, fazer grandes confusões.

Também precisamos de regras nessa área, mesmo que elas estejam saindo de moda. Precisamos de toda a orientação que pudermos ter. Tudo bem, já falei demais sobre mim mesmo.

Mas, na verdade, todos precisamos de ajuda e, às vezes, vale a pena ver o assunto de um ângulo diferente.

A seguir, você encontrará algumas regras pouco comuns, que vão ajudá-lo a ver seu relacionamento a partir de uma nova perspectiva.

---

*Você encontrará várias vezes a palavra "parceiro" – por uma questão de gênero, adotei sempre o masculino, mas, evidentemente, estas regras são para todos.

Nada disso é revolucionário, mas essas são as regras usadas por pessoas que mantêm relacionamentos duradouros, bem-sucedidos, produtivos, sustentáveis e satisfatórios. Essas pessoas também têm relacionamentos excitantes, estimulantes, poderosos e extremamente íntimos.

REGRA 51

ACEITE AS DIFERENÇAS E ABRACE O QUE VOCÊS TÊM EM COMUM

É verdade que homens e mulheres têm algumas diferenças. Seríamos tolos se não aceitássemos e reconhecêssemos isso. Mas não chegamos a pertencer a espécies e planetas diferentes, como alguns querem nos fazer acreditar. De fato, as coisas que temos em comum são muito mais numerosas. Se valorizarmos o que temos em comum e aceitarmos o que é diferente, poderemos nos entender muito melhor uns com os outros do que nos tratando como se pertencêssemos a espécies distintas.

Um relacionamento é uma equipe formada inicialmente por duas pessoas (mais tarde, a equipe pode ser reforçada por um monte de membros juvenis) que trazem talentos, habilidades e recursos para construir a relação. Cada equipe precisa de pessoas diferentes e dotadas de qualidades diversas para realizar coisas e fazer com que o projeto funcione. Se os dois forem líderes fortes, rápidos tomadores de decisões e impulsivos, então quem vai cuidar dos detalhes e terminar os projetos? Quem vai realizar o trabalho, em vez de simplesmente ficar gerando idéias? Nem se preocupe em aceitar as diferenças – veja os benefícios! Tente encará-las como talentos especiais – que podem ser usados de forma efetiva para fazer sua equipe funcionar melhor.

E quanto às coisas que vocês têm em comum? Podem ser maravilhosas (os mesmo pontos de vista e gostos), mas nem sempre tornam a vida mais fácil (se os dois querem ter razão, se os dois têm necessidade de estar no comando). Se ambos forem líderes natos, podem acabar brigando pelo banco do motorista. Em vez disso, vocês devem concordar em dividir a liderança. As coisas que têm em comum devem ser celebradas e usadas – ao mesmo tempo ou alternadamente – para dar a vocês energia e entusiasmo e para tornar o relacionamento especial e bem-sucedido.

Vocês estão juntos nisso – seja lá o que for "isso" – e precisam trabalhar unidos para obter sucesso. Se combinarem os talentos em comum, chegarão muito mais longe e enfrentarão muito menos dificuldades do que se cada um ficar puxando em uma direção. Tire todas as camadas de proteção e todos somos humanos, amedrontados, vulneráveis, tentando encontrar algum sentido em nossas vidas. Se focarmos as diferenças e dermos muita atenção a elas, corremos o risco de perder a contribuição de alguém que pode ajudar a aliviar nossa carga e tornar mais divertida nossa jornada.

"Se valorizarmos o que temos em comum e aceitarmos o que é diferente, poderemos nos entender muito melhor uns com os outros."

R E G R A 52

PERMITA QUE SEU COMPANHEIRO SEJA ELE MESMO

É muito engraçado. Freqüentemente nos apaixonamos por uma pessoa porque ela é independente, enérgica, forte, responsável, tem o controle de si mesma e é perfeitamente capaz de se cuidar. Então, no instante em que a conquistamos, tentamos mudá-la. Ficamos cheios de ciúmes se ela continua tão independente; como se manter um relacionamento conosco de algum modo a limitasse, prendesse e lhe cortasse as asas.

Antes de a conhecermos, essa pessoa vivia muito bem sem nós. No segundo em que a encontramos, começamos a lhe dar conselhos, restringir suas escolhas, limitar sua visão e seus sonhos e privá-la da liberdade. Precisamos recuar um pouco e lhe dar a liberdade para ser ela mesma.

Muita gente diz que a magia de seu relacionamento desapareceu, que não existe mais aquela centelha e que se sentem afastados um do outro. E então, quando você observa um pouco melhor, descobre duas pessoas presas a um relacionamento simbiótico de desconfiança mútua, opressão e mesquinharia. Elas simplesmente não dão o menor espaço uma à outra, não deixam o outro ser ele mesmo.

Então o que podemos fazer? A primeira coisa é voltar ao passado e se lembrar de seu parceiro como ele era quando vocês se conheceram. O que foi que o atraiu? O que havia de especial nessa pessoa? O que despertou seu interesse?

Agora, olhe para essa pessoa de novo. O que há de diferente? O que desapareceu e o que foi substituído? Ela ainda é a mesma pessoa independente ou você acabou com seu espaço, sua autoconfiança, sua independência e sua vitalidade? Inconscientemente – ou talvez não (isso pode ser um pouco duro) –, tendemos a controlar as pessoas, e é isso que faz com que percam o brilho.

Você deve encorajar seu parceiro a sair do conforto de seu relacionamento e redescobrir sua energia e vitalidade. Ele pode precisar de algum tempo para redescobrir seus talentos e habilidades e retomar sua independência. E talvez você tenha que se controlar de vez em quando para não refreá-lo de novo. Encoraje, recue e observe, contenha seu impulso controlador, incentive, mas permaneça ao lado dele. Sei que vai ser difícil. Porém a maioria dos relacionamentos bem-sucedidos dispõe de uma grande dose de independência. O casal passa algum tempo separado para trazer alguma coisa de volta ao relacionamento. Isso é saudável. Isso é bom. Isso é crescimento.

"O que foi que o atraiu?
O que havia de especial
nessa pessoa?"

REGRA 53

SEJA GENTIL

É muito fácil, na correria da vida moderna e durante as complexas discussões do dia-a-dia de um relacionamento, pensar na presença do outro como uma coisa garantida, achar que agradecemos, elogiamos ou dissemos "por favor", quando, na verdade, o ignoramos, fomos grosseiros, cometemos o pecado mortal da omissão, fomos negligentes e, em geral, nos portamos como se se tratasse de uma pessoa pouco importante.

Para que o relacionamento dê certo, é preciso voltar à estaca zero e ser cortês, no sentido mais antiquado da palavra. Você precisa se mostrar novamente respeitoso e delicado, demonstrar que pretende voltar a ser agradável, gentil, civilizado e educado. A partir de agora, você vai dizer "por favor" e "obrigado", não importa quantas vezes essas palavras se façam necessárias ao longo do dia. Seja atencioso. Dê presentes sem que haja um motivo especial para isso. Faça perguntas para mostrar que está interessado no que seu companheiro está dizendo.

Seja cuidadoso com relação à saúde, ao bem-estar, aos sonhos, esperanças, trabalho, interesses e prazeres de seu parceiro. Encontre tempo para ajudá-lo. Tenha tempo para se concentrar em suas necessidades e desejos. Tenha tempo para simplesmente estar ao lado dele, para não fazer nada, apenas escutar, demonstrar interesse, deixar claro que você ainda o ama. Não permita que a negligência destrua seu relacionamento.

Costumamos tratar os estranhos muito bem e, em geral, dedicamos toda nossa atenção às pessoas com quem trabalhamos. A pessoa com quem vivemos acaba esquecida e perdida em meio a tantas atividades. De fato, temos obrigação de tratá-la melhor do que qualquer outra pessoa. Afinal ela deveria ser a pessoa mais importante do mundo para nós. Faz sentido provar que isso é verdade.

É claro que, se você já faz tudo isso, deve me desculpar por lembrar-lhe todas essas coisas.

Certa vez li sobre um homem que insistia em comprar bolsas novas para sua esposa – sempre inadequadas, nunca grandes ou fortes o bastante para atender às necessidades dela. Ela tentou lhe explicar que gostava de comprar suas próprias bolsas, porque já era adulta, mas ele tinha cismado que sua idéia de "estilo" era muito melhor que a dela. Por fim, ela acabou comprando uma bolsa para ele, e isso o fez parar durante algum tempo. Acho que essa foi uma ótima solução para o problema. Ela não se zangou nem gritou com ele, simplesmente fez uma brincadeira com ele, mas de uma forma gentil. Foi brilhante.

"Para que o relacionamento dê certo, é preciso voltar à estaca zero e ser cortês."

REGRA 54

VOCÊ QUER FAZER O QUÊ?

O fato de formarmos um casal não significa que estamos grudados e que precisamos pensar e reagir da mesma forma, fazer as mesmas coisas e sentir do mesmo jeito. Percebi que os relacionamentos mais bem-sucedidos são aqueles em que o casal é forte junto, mas cada um também é forte individualmente. As melhores relações são aquelas em que um apóia os interesses do outro, mesmo que não sejam iguais aos seus.

Apoiar seu parceiro e o que ele quer fazer implica que você seja autoconfiante o suficiente para não ter ciúmes, desconfianças ou ressentimentos. Você tem de estar preparado para que ele seja independente, forte e capaz de enfrentar o mundo longe de você. Pode ser muito difícil. Pode exigir muito de você. Pode ser um verdadeiro teste do quanto você se importa e tende a ser protetor.

Quanto mais liberdade você der, permitir, tolerar ou encorajar, mais provavelmente ele vai retribuir isso. Se o parceiro se sente encorajado e acredita que você confia nele, é muito menos provável que ele se "afaste" ou termine o relacionamento por se sentir sufocado e enjaulado. Quanto mais apoio você lhe der, mais ele perceberá que está sendo tratado com bondade, e isso é ótimo.

Mas, e se você discordar do que ele quer fazer? Sinto muito, mas nesse caso você vai ter de reavaliar a sua relação. Veja bem, ele é um ser humano independente de você e tem todo o direito de fazer o que tiver vontade – desde que isso não lhe cause sofrimento ou ponha o relacionamento em sérios riscos (como ter relações sexuais com outras pessoas ou cometer crimes) –, e o seu papel é apoiá-lo. Você precisa se perguntar por que é tão difícil aceitar o que ele quer fazer. O problema pode ter muito mais a ver com você do que com ele.

Pergunte a si mesmo – se ele fizer isso, se ele for em frente, qual é a pior coisa que pode acontecer? Vai sujar o chão de sua casa, estragar uma parte do jardim, gastar dinheiro em alguma coisa que você não quer, ficar longe de casa por uma semana. Agora compare isso com a possibilidade de uma separação ou de que ele continue vivendo com você, mas infeliz e frustrado. O que é pior?

É claro que o simples fato de alguém dizer que vai fazer alguma coisa não significa que vá mesmo. Algumas pessoas muito teimosas são bem capazes de ir em frente e fazer alguma coisa só porque você se opõe a tudo que elas falam. Simplesmente diga "sim" e é possível que elas nunca se dêem ao trabalho de fazer o que dizem.

Se você der uma olhada na *regra 64*, vai ler que você deve tratar seu parceiro *melhor* do que seu melhor amigo, e dar apoio faz parte disso. Nós esquecemos que nosso companheiro é uma entidade à parte. Esquecemos que ele também tem planos, sonhos e ambições que nunca conseguiu realizar. É nossa função encorajá-lo a encontrar seu caminho, realizar suas ambições, tornar-se o melhor que puder, sentir-se completo, satisfeito e realizado. Não é função nossa diminuí-lo, ridicularizar seus sonhos, desprezar seus planos ou rir de suas ambições. Não é nossa função desanimá-lo, colocar obstáculos em seu caminho ou detê-lo de qualquer maneira. Nossa função é incentivá-lo a voar alto.

> "Você tem de estar preparado
> para que ele seja independente,
> forte e capaz de enfrentar
> o mundo longe de você."

R E G R A 55

SEJA O PRIMEIRO A PEDIR DESCULPAS

Não interessa quem começou. Não interessa qual foi o motivo. Não interessa quem estava certo ou errado. Não interessa que tipo de joguinho estava sendo feito. Vocês dois estão se comportando como crianças mimadas e devem ficar de castigo, cada um no seu quarto. Todos nós discutimos de vez em quando, é da natureza humana. Mas daqui para a frente, se você quer ser um jogador que segue as regras, e posso ver pelo brilho em seu olhar que quer, vai ser o primeiro a pedir desculpas. É só isso. Fim da regra. Por quê? Porque é isso que os jogadores que seguem as regras fazem. Nós somos os primeiros. Temos um grande orgulho em ser os primeiros porque temos tanta confiança em nós mesmos que não perdemos nem um pouco de nosso orgulho ao pedir desculpas. Não nos sentimos ameaçados, desafiados ou fracos. Podemos pedir desculpas e continuar sendo fortes. Podemos pedir desculpas e conservar nossa dignidade e o auto-respeito.

E vamos dizer que lamentamos porque *é verdade*. Lamentamos termos nos envolvido em uma discussão de qualquer tipo e, pela própria natureza de uma discussão, termos nos esquecido de pelo menos cinco regras.

Se a discussão foi tão longe a ponto de gerar uma crise na relação, não importa quão trivial tenha sido o motivo, já cometemos uma série de erros fundamentais e por isso devemos ser os primeiros a pedir desculpas, porque estamos errados. Nós estamos dizendo que lamentamos ter discutido. Não importa *do que* se trata. Vamos pedir desculpas primeiro porque somos nobres e gentis, temos um espírito generoso, somos dignos, maduros, sensíveis e bons. Eu sei, temos de ser todas essas coisas e ainda assim pedir desculpas. É uma regra difícil. Mas experimente e vai ver como se sente melhor. A vista é sempre maravilhosa quando se está em um nível mais elevado.

E se vocês dois estiverem lendo este livro? Que maravilha! Primeiro, não podem contar um ao outro – *regra 1* –, mas vão ter de apostar corrida para ver quem se desculpa primeiro. Pode ser interessante. Conte-me o que aconteceu.

Pedir desculpas traz muitos benefícios, mesmo que fique um pouco entalado em sua garganta. Não apenas lhe confere uma vantagem moral, mas também alivia a tensão, liberta você dos maus sentimentos e limpa o ar. Provavelmente, se você pedir desculpas primeiro, o outro vai se sentir humilhado e terá de pedir desculpas também. Talvez.

Lembre-se sempre de que você não está pedindo desculpas pelo pecado, crime ou deslize que cometeu – está, antes de mais nada, pedindo desculpas por ter sido tão imaturo a ponto de ter entrado em uma discussão, por ter perdido a paciência, por ter esquecido de seguir algumas regras, por ter argumentado, por ter sido grosseiro, teimoso, rude, infantil ou seja lá o que for. Tudo bem, já pode sair do quarto agora.

"Podemos pedir desculpas e conservar nossa dignidade e o auto-respeito."

REGRA 56

FAÇA UM ESFORÇO EXTRA PARA TENTAR AGRADAR SEU PARCEIRO

O quê? Você tem de ser o primeiro a pedir desculpas, precisa encorajar e apoiar seu parceiro, lhe dar liberdade, ser gentil, e agora eu também estou dizendo que você deve fazer um esforço extra para agradá-lo? Pelo amor de Deus, qualquer um pensaria que você está fazendo isso por amor. Você deve pensar que está fazendo isso por alguém que adora, ama de paixão, respeita realmente e merece seu afeto – alguém com quem você verdadeiramente se importa. Exatamente. É disso que se trata. Fazer um esforço para tentar agradar a pessoa mais importante do mundo, a pessoa que você ama, a pessoa mais importante da sua vida. Esta regra se refere ao seu amor, seu companheiro, seu tesouro, sua alma gêmea, seu amante e amigo. Então, qual é o problema? Por que você não iria querer fazer isso? E por que já não está fazendo?

E, se quisermos, o que deveremos fazer? Simples. Basta pensar à frente. Planejar um aniversário que seja mais do que apenas um presente, um cartão, algumas flores e um jantar especial. Pense nas coisas de que seu parceiro realmente iria gostar, o que ele quer de aniversário, em ocasiões especiais, dias de folga e feriadões. É pensar em extravagâncias, luxos e pequenos prazeres. É fazer um grande esforço para descobrir o que ele quer e conseguir dar isso a ele. E não estou falando de dinheiro. Estou falando de fazer uma surpresa, descobrir pequenas coisas que lhe dariam prazer e mostrar que você pensa nele. Preparar as coisas com antecedência para mostrar quanto ele é especial e importante e quanto você gosta dele.

Significa encontrar formas de agradá-lo além do normal, além das expectativas, mais do que qualquer outra pessoa seria capaz. Essa é uma grande oportunidade para ser criativo, aventureiro, maluco, incomum, carinhoso e amoroso, tudo junto. Você não tem tempo para isso? Então precisa rever sua lista de prioridades. O que poderia ser mais importante do que agradar seu amante, companheiro e amigo? Sim, é claro que estou falando da mesma pessoa e não de três diferentes.

"Por que você não iria querer fazer isso? E por que já não está fazendo?"

REGRA 57

TENHA SEMPRE ALGUÉM QUE FIQUE FELIZ AO VÊ-LO

Vamos voltar à mulher dos cães galgos. Quando ela chega em casa, eles sempre ficam felizes em vê-la, se bem que os cães sempre ficam. Não importa quanto você os negligencie, eles sempre parecem loucos de alegria. É claro que você gostaria que seu parceiro também se comportasse assim, que ficasse louco de alegria quando você chega em casa. E é claro que isso sempre acontece. E você faz a mesma coisa quando ele chega, não faz? Não? Por que não? Sim? Muito bem.

Todos precisamos de alguém que fique feliz em nos ver. Isso nos dá a impressão de que tudo o mais vale a pena. Adoro quando tenho de viajar a trabalho por um ou dois dias e então, quando volto, meus filhos me cercam, estendendo as mãos, com aquela adorável expressão de "Você trouxe um presente para mim?".

Ou quando eles voltam da escola e você pergunta como foi o dia e eles resmungam alguma coisa de cara amarrada. Pode não ser tão revigorante, mas você ainda se sente incrivelmente contente por vê-los – para eles, você é alguém especial.

Ter alguém que fique feliz ao vê-lo é importante, porque você tem a exata noção de que existe alguém que precisa de você, e isso lhe dá um propósito na vida, o impede de ficar concentrado em si mesmo, é mais uma razão para seguir em frente. Mas e se você morar sozinho e não tiver filhos nem animais de estimação? Bem, trabalho voluntário ou de caridade é uma boa maneira de encontrar rapidamente alguém que ficará feliz ao vê-lo. E essa pessoa pode estar bem perto de você.

Mesmo morando sozinha em uma parte de Londres onde ninguém conversa com os vizinhos, uma amiga minha descobriu um senhor aposentado que morava algumas casas depois dela. Ela percebeu que ele arranjava desculpas para "estar na porta por acaso" quase todos os dias, quando ela passava de volta do trabalho. Estava claro que ele se sentia um pouco solitário e realmente gostava de uma conversa rápida (ou uma mais longa, se possível). Ele ficava feliz ao vê-la. Quem fica feliz ao ver você?

"Todos precisamos de alguém
que fique feliz em nos ver.
Isso nos dá a impressão de
que tudo o mais vale a pena."

REGRA 58

SAIBA QUANDO ESCUTAR E QUANDO AGIR

Não sei se aprender esta regra é mais difícil para os homens do que para as mulheres, mas, pessoalmente, eu a acho muito árdua. Sempre que alguém tem um problema, quero sair correndo para *fazer* alguma coisa. Não importa o que, desde que eu faça alguma coisa, qualquer coisa.

De fato, o que as pessoas freqüentemente querem de mim é que eu fique quieto e escute. As pessoas não me contam seus problemas para que eu banque o valentão, vá resgatar alguém em perigo, saia em defesa delas ou enfrente o mundo sozinho (ou seja, para que eu me torne um herói). Elas precisam de alguém que as ouça com simpatia, talvez de um ombro para chorar, querem ouvir de vez em quando "Ah, mas isso deve ser horrível para você". O que desejam é um conselheiro que lhes dê total atenção e faça contato visual. Essa é a parte mais difícil. Assim que entendi qual é o problema, desligo os ouvidos e ponho o cérebro em ação em busca da solução.

O que acontece é que, quando tenho um problema, não quero ouvir palavras de simpatia ou de encorajamento. Não quero que me abram o coração para compartilhar minha dor. Eu só quero uma solução, uma oferta de ajuda, outro par de mãos, um pedaço de corda resistente ou simplesmente uma chave de fenda emprestada.

Mas todos os meus problemas são relacionados a objetos concretos e só precisam de soluções práticas – coisa de homem. E todos esses casos em que acho difícil apenas escutar se referem a problemas com pessoas e precisam de uma abordagem totalmente diferente. Saber quando se deve apenas ouvir e quando se deve agir é uma habilidade extremamente útil que pode ser desenvolvida. Freqüentemente ainda tenho de me controlar para não fazer alguém que está dividindo seu problema comigo parar de falar, dizendo alguma coisa como "Espere um pouco. Sei exatamente como resolver o seu caso", e então sair às pressas para pegar minha caixa de ferramentas.

É claro que alguns problemas realmente não têm solução e não é para resolvê-los que as pessoas nos procuram. Elas nos contam para que façamos parte do processo, e isso pode ser ter simpatia, comiseração, choque, empatia, bondade, dar conselhos ou apenas segurar sua mão. Saber quando se deve oferecer chá e simpatia ou, em vez disso, trazer a caixa de ferramentas e uma corda resistente é uma habilidade que deve ser aprendida. E um jogador que segue as regras logo percebe a diferença. (Mas confesso que ainda me engano com muita freqüência.)

> "Saber quando se deve oferecer chá e simpatia ou, em vez disso, trazer a caixa de ferramentas e uma corda resistente é uma habilidade que deve ser aprendida."

REGRA 59

TENHA PAIXÃO POR SUA VIDA EM COMUM

Então vocês dois se conheceram, se apaixonaram e resolveram passar o resto de suas vidas juntos. E é o que estão fazendo, espero. Mas em que nível? Não estou brincando, estou falando sério (pelo menos desta vez). Apenas viver juntos, passando os dias, sem realmente estarem conectados não é o suficiente. É preciso que haja paixão em sua vida em comum. O quê? Paixão. Estar juntos tem de ser um laço muito forte, um romance que realize sonhos e arrebate vocês dois. É preciso que vocês dividam experiências. O amor não é para moribundos, não é para os preguiçosos que não querem fazer qualquer esforço. Vocês têm de permanecer alertas, em contato, em sintonia. Têm de compartilhar sonhos, objetivos, ambições e planos. Têm de sentir paixão pelo simples fato de estarem juntos.

Sei que todo relacionamento passa por altos e baixos. Sei que ficamos complacentes e, certas vezes, até mesmo aborrecidos um com o outro. Mas você está dedicando sua vida à felicidade de outra pessoa e isso requer foco, força, paixão, energia, entusiasmo e um grande esforço. Como é que é? Você não está dedicando sua vida à felicidade de outra pessoa? Então o que está fazendo? É disso que se trata um relacionamento. E, se não é isso, o que você acha que está fazendo?

Você precisa se importar de verdade, continuar apaixonado, desejar que seu parceiro se sinta realizado, seja bem-sucedido, feliz, completo.

Em um mundo ideal, você se apaixona apenas uma vez (sei

que muitas pessoas têm diversos relacionamentos ao longo da vida, mas imagino que o objetivo seja ficar juntos para sempre e não se divorciar). E essa é sua chance de ter um relacionamento bom e forte, baseado em confiança mútua, responsabilidade, felicidade compartilhada, entusiasmo e busca pela excelência. Ah, não é assim? O que é então? Tem de ser assim, se você pretende obter o máximo de seu relacionamento. Seu parceiro não está à disposição só para você ter alguém com quem bater um papo quando estiver chateado e precisar de companhia. Ele está ao seu lado porque vocês se amam. Ele está ao seu lado para que vocês tenham um relacionamento. Se isso não é todo o incentivo necessário para viver uma vida plena e apaixonada, então não sei o que mais pode ser.

"Você está dedicando sua vida à felicidade de outra pessoa."

REGRA 60

TENHA CERTEZA DE ESTAR FAZENDO AMOR

Muito bem! Vamos falar de sexo agora?... Bem, na verdade, não. Vou falar de amor. Se você ama e é amado, esta é uma parte natural do processo e isso é ao mesmo tempo divertido e repleto de problemas. Em uma relação, como jogadores que seguem as regras, temos de ser gentis, corteses, reverentes, estimulantes, criativos, respeitosos, atenciosos e sexuais. Dentro desse relacionamento sexual temos de continuar sendo todas essas coisas – respeitosos, gentis, etc. Temos de levar em consideração as necessidades e desejos de nosso parceiro, sem nos submetermos a qualquer coisa que não temos vontade de fazer ou que achamos constrangedora ou difícil. Temos o direito à privacidade, ao respeito e a sermos altamente estimados.

E nosso companheiro também tem esses direitos. A palavra-chave é consideração. Temos de ter consideração por suas necessidades, seus desejos e pelo que se sente capaz de fazer. Acima de tudo, temos de agir com gentileza.

E, sim, em meio a tudo isso há espaço para a paixão, para a excitação, até para um ato sexual lascivo e enérgico. Não precisamos ser submissos para ter consideração, não temos de ser inibidos para demonstrar gentileza, não temos de ser tímidos para ser respeitosos. Isso não quer dizer ser pouco atraente ou chato só porque estamos respeitando a segurança, a privacidade, a saúde e a intimidade do outro. Até os amantes mais apaixonados podem ser gentis enquanto praticam atos sexuais extremamente físicos – uma coisa não exclui a outra.

Fazer sexo com alguém que se ama – fazer amor, se você preferir – é uma honra. (Para mim, atualmente, o simples fato de ter alguém que se disponha a tirar a roupa ao mesmo tempo que eu já é uma grande honra...) Fazer amor é o mais perto que chegamos de outro ser humano, o momento de maior intimidade possível. Se não agirmos com respeito nessa área, então o que estamos fazendo? E o respeito nasce do conhecimento – não apenas daquilo que seu parceiro mais gosta, mas de todo o processo. Devemos agir com a maior habilidade possível e, se não tivermos muita, poderemos facilmente dedicar algum tempo a aprender. Não há vergonha em querer aprender mais. Nenhum de nós nasce sabendo o suficiente para ser o melhor motorista ou o melhor amante do mundo.

> "Temos direito à privacidade,
> ao respeito e a sermos
> altamente estimados."

R E G R A 61

CONVERSE SEMPRE

É isso aí, você tem de continuar conversando. Quando há algum problema, é conversando que se resolve. Quando o relacionamento estiver passando por momentos ruins, é a conversa que vai nos fazer superá-los. Quando nos sentimos otimistas e entusiasmados, é falando que compartilhamos esses sentimentos com nosso companheiro.

Se não estivermos conversando, alguma coisa está errada. Se não estivermos conversando, o que estamos fazendo? Conversar nos ajuda a entender, ouvir, compartilhar e comunicar.

Muita gente presume que o silêncio entre duas pessoas significa que há algum problema entre elas, que alguma coisa está errada. É claro que não precisamos preencher todos os silêncios, mas existem algumas regras básicas de etiqueta que devem ser seguidas quando estivermos conversando com nosso parceiro:

- Demonstre ter escutado que ele falou com você – não, um resmungo ou um suspiro não contam.
- De vez em quando, dê algum sinal para demonstrar que você ainda está acordado, vivo, na mesma sala, interessado, prestando atenção – pode ser um aceno de cabeça, um sim ou não ou algum ruído de encorajamento, como "hum-hum".
- Tenha em mente que conversar faz parte de seus deveres como amante e companheiro e você deve ser bom nisso.
- Uma boa conversa conduz a um bom ato sexual – se vocês não estiverem conversando, não estão flertando, segurando

as mãos um do outro nem seduzindo. A conversa faz parte das "preliminares".

- Falar ajuda a resolver problemas, o silêncio somente os torna maiores.
- Falar mantém vocês dois unidos – era o que vocês faziam no início, quando se apaixonaram, lembra?

É óbvio que sempre há um momento para o silêncio (veja a *regra 58*), mas conversar é saudável, produtivo, cordial, amigável, carinhoso, gentil e divertido. O silêncio pode ser chato, inútil, destrutivo e ameaçador. É claro que existem conversas de qualidade e discussões inúteis. Tenha cuidado para não falar qualquer coisa que lhe venha à cabeça apenas para preencher os silêncios com trivialidades sem sentido. Uma conversa tem de ter algum sentido, embora fofocar também funcione. Mas falar por falar, não. Portanto, converse de maneira sensata.

"Se não estivermos conversando, alguma coisa está errada. Se não estivermos conversando, o que estamos fazendo?"

REGRA 62

RESPEITE A PRIVACIDADE DE SEU COMPANHEIRO

"Quero ficar sozinho..." Todos e qualquer um de nós temos o direito divino ao respeito, à privacidade, à confiança e à honestidade. Mas, de todos, a privacidade é o mais sacrossanto, inviolável e intocável.

Você deve respeitar a privacidade de seu parceiro, do mesmo modo que ele ou ela deve respeitar a sua. Caso contrário, terá de questionar todas essas outras coisas – confiança, respeito e honestidade. Então vamos supor que você tenha um relacionamento bom e saudável. Isso significa que você respeita a privacidade de seu companheiro. Em todas as áreas.

Se ele prefere não discutir um assunto com você, então isso é direito dele e você não pode:

- tentar convencê-lo a contar, com jeitinho e palavras carinhosas;
- ameaçar;
- fazer chantagem emocional;
- subornar;
- recusar certos privilégios normais do casamento;
- tentar descobrir pela astúcia ou por métodos desonestos.

E mais: enfeitiçá-lo para que ele conte também está fora de questão. Respeitar a privacidade de alguém não significa apenas não abrir sua correspondência, não escutar seus recados na secretária eletrônica e não ler seus e-mails quando ele não estiver olhando. Privacidade também significa que ele possa realizar sua higiene a sós – todos necessitamos de um certo grau de graça e dignidade em nossas vidas e, realmente, banheiros separados são o mais desejável. Um banheiro para dois não é ideal, muito menos que os dois o utilizem ao mesmo tempo. Isso é horrível. Impossível, inútil e desnecessário. Não faça isso. Winston Churchill declarou certa vez que o segredo de ter permanecido casado por 56 anos – ou sei lá quanto tempo – eram banheiros separados. Faça sua higiene sozinho e não se intrometa na privacidade de ninguém. Você pode estender esta regra a todas as pessoas do mundo, não somente a seu parceiro.

Se você tem necessidade de interferir na privacidade de outra pessoa, precisa fazer uma séria auto-avaliação e descobrir a razão disso. A verdade pode ser desagradável, mas você tem de saber.

"Se você tem necessidade de interferir na privacidade de outra pessoa, precisa fazer uma séria auto-avaliação e descobrir a razão disso."

REGRA 63

CERTIFIQUE-SE DE QUE VOCÊS TÊM OS MESMOS OBJETIVOS

Quando nos apaixonamos, acreditamos saber absolutamente tudo a respeito de nosso amor. Temos tantas coisas em comum. Tudo parece tão fácil, tão intuitivo, tão natural. É claro que queremos as mesmas coisas. É claro que somos dois lados da mesma moeda. É claro que vamos percorrer a estrada da vida de mãos dadas.

Errado, errado, errado. A estrada vai se bifurcar de vez em quando e, se não conhecermos as regras do jogo, vamos nos perder de vista completamente e para sempre. Você precisa se certificar se os dois estão seguindo o mesmo mapa, se estão olhando para o mesmo destino e se caminham na mesma direção.

Que objetivos vocês compartilham? Para onde pensam que estão indo? Não, este não é o momento para "achar". Não suponha ou tente adivinhar quais são esses objetivos. Você tem de *saber* o que seu parceiro pensa sobre isso – e o que você mesmo pensa. Seus objetivos podem pertencer a mundos diferentes. Ou realmente podem ser muito próximos. Você só vai saber se perguntar, discretamente, é claro – afinal, não quer assustar seu companheiro.

E você tem de saber a diferença entre objetivos e sonhos compartilhados. Todos temos sonhos – uma casa à beira-mar, uma viagem pelo mundo, uma Ferrari, uma adega climatizada no porão (abastecida com os melhores vinhos, é claro), uma piscina olímpica – mas objetivos diferentes. Objetivos são ter filhos (ou não); viajar bastante; aposentar-se cedo e ir morar fora do país; educar as crianças de modo que se tornem pessoas bem-ajustadas e felizes; permanecer juntos (!); mudar-se para o campo ou para a cidade; diminuir as atividades e trabalhar em casa; abrir um negócio próprio; comprar um cachorro. Sonhos são coisas que você pretende realizar um dia, e objetivos são o que vocês fazem juntos desde agora. Sonhos são aquisições que cada um de vocês pode desejar, objetivos são alvos comuns para cuja obtenção vocês precisam um do outro, porque, se não for assim, eles perdem o sentido.

Esta regra se refere a fazer uma revisão constantemente. Para isso, você precisa conversar com seu companheiro sobre aonde estão indo e o que estão fazendo. Não precisa ser uma conversa pesada. Pode ser algo bem simples, só para voltar à base e verificar se vocês estão seguindo o mesmo caminho. Não são necessários muitos detalhes, apenas algumas questões para confirmar que vocês seguem na mesma direção. Não é preciso que vocês façam um planejamento minucioso de como será seu futuro.

> "Você precisa se certificar se estão seguindo na mesma direção."

REGRA 64

TRATE SEU PARCEIRO MELHOR DO QUE SEU MELHOR AMIGO

Outro dia falei com uma amiga sobre esta regra e ela discordou de mim enfaticamente. Ela disse que é preciso tratar os amigos melhor porque você os conhece há mais tempo e lhes deve mais lealdade. Depois falei a mesma coisa com outra amiga e ela disse que não era assim. Segundo ela, devemos tratar melhor nosso companheiro, justamente porque não o conhecemos bem. Curioso. Acredito que se deva tratar o parceiro melhor do que os amigos porque ele é amante e amigo. Idealmente, o *melhor amigo.*

Se seu companheiro não é seu melhor amigo, então quem é? E por quê? Porque seu companheiro é do sexo oposto e você precisa de um melhor amigo do mesmo sexo que você? Ou porque seu parceiro pertence ao mesmo sexo e você precisa de um melhor amigo do sexo oposto? Ou porque você não vê um amante como amigo? (Se você responder sim a esta pergunta, então como você *vê* seu companheiro? Qual é seu papel ou função como parceiro?)

Mais uma vez, tudo isso é sobre ter consciência. Tratar seu parceiro melhor do que trata seu melhor amigo significa que você pensou sobre isso e decidiu agir assim – ou não, se for o caso.

Sempre pensei que tratar seu companheiro melhor do que seu melhor amigo era a coisa mais natural do mundo. Isso significa não interferir em sua vida, respeitar sua privacidade, tratá-lo como uma pessoa adulta e independente. Mas basta dar uma olhada em volta para encontrar casais que se tratam como crianças pequenas, reclamando, repreendendo, questionando, criticando e discordando até em coisas insignificantes. Eles jamais fariam isso com seus amigos. Então, por que fazem com a única pessoa que supostamente significaria tudo em suas vidas?

Vou dar um exemplo. Você está de carona em um carro dirigido por um amigo. Ele comete um erro qualquer na direção, uma bobagem (que não chega a ser perigosa). Vocês provavelmente levariam o ocorrido na brincadeira e iam rir um bocado. Agora imagine se fosse seu parceiro que cometesse o erro. O que você faria?

- Ia fazê-lo se sentir insignificante?
- Não o deixaria se esquecer desse pequeno erro por muito tempo?
- Contaria para todo mundo o que ele fez?
- Assumiria a direção, dizendo que não confia nele?
- Agiria como se ele fosse um amigo e cairia na gargalhada?

Espero que você tenha escolhido a última opção, mas observe como outros casais se comportam em situações como essa.

"Como você *vê* seu companheiro? Qual é seu papel ou função como parceiro?"

REGRA 65

SENTIR-SE CONTENTE JÁ É UM OBJETIVO ELEVADO

Se você perguntar para as pessoas o que elas querem da vida, a maioria vai dizer: "Ah, apenas ser feliz, acho." O mesmo acontece se você perguntar o que elas desejam para seus filhos: "Não me importa o que eles façam, desde que se sintam felizes." Seria melhor desejar que você ou seus filhos fossem astronautas ou neurocirurgiões – pelo menos, teriam alguma chance de conseguir isso. Você poderia treinar. Eles podem estudar.

A felicidade é tão ilusória que não vale a pena gastar muito tempo correndo atrás dela. A felicidade se encontra em uma das extremidades de um espectro de sentimentos – na outra está a desgraça. Se você olhar para trás, para os momentos de sua vida em que esteve feliz – ou pensou que estava –, aposto que havia outros sentimentos extremos envolvidos. O nascimento de uma criança? Excitação, sim. Maravilhamento, claro. Alívio porque o parto foi um sucesso. Mas felicidade? Não tenho certeza.

As pessoas acham que serão felizes nas férias, quando estiverem relaxadas e se sentirem estimuladas e livres de suas preocupações – e de fato se sentirão. A busca da felicidade é uma dessas coisas em que vale a idéia de "quanto mais, melhor". Você nunca vai se sentir completamente feliz, porque não existe um limite para a felicidade. Você sempre vai querer mais. Em vez de buscar a felicidade, é melhor buscar o contentamento. Isso, sim, se pode conseguir. Esse é um objetivo que vale a pena buscar.

Isto se aplica particularmente a relacionamentos – tanto na busca pelo parceiro ideal como no que acontece depois que você o encontra. A maioria de nós quer se apaixonar perdidamente. Uma química fantástica – fogos de artifício, frio na barriga, sensações inacreditáveis. Isso é maravilhoso. É um sentimento extremo. Mas essa intensidade não pode e não vai durar. Em algum momento será preciso voltar à realidade. Você precisa tocar sua vida. Ninguém pode viver tão intensamente e andando nas nuvens o tempo todo. Contentamento é o que você pode esperar quando a paixão se desgastar e você repousar em uma simplicidade tranqüila e feliz. De fato, o contentamento é o melhor dos objetivos, porque ele dura.

E se você descobrir que está numa relação em que não há fogos de artifício, palpitações e sentimentos extremos, mas há um contentamento constante, cordialidade e amor – sinta-se feliz por isso.

REGRA 66

VOCÊS NÃO PRECISAM SEGUIR AS MESMAS REGRAS

Muitos casais acreditam que tudo tem de ser igual para os dois – que ambos devem seguir o mesmo conjunto de regras. Isso não é verdade. As regras podem ser diferentes em algumas áreas importantes da vida. Os relacionamentos mais felizes, bem-sucedidos e fortes são aqueles em que os parceiros percebem a necessidade de ser flexíveis em suas regras e fazer ajustes na relação.

Você quer um exemplo? Claro que sim. Vamos supor que um de vocês seja extremamente organizado e o outro extremamente bagunceiro. Normalmente, um estaria sempre atrás do outro reclamando de como ele é bagunceiro/organizado. Haveria brigas e problemas. Isso porque os dois estão tentando seguir a mesma regra – ambos temos de ser organizados ou ambos temos de ser bagunceiros. Que tal experimentar uma regra diferente? Eu posso ser bagunceiro, você pode ser organizado. Eu tenho meu espaço para ser bagunceiro, você tem o seu para ser organizado. Agora não precisamos mais brigar, porque estamos seguindo regras diferentes. Eu não tenho de me tornar organizado, porque isso não faz parte de minha natureza, e você não precisa virar uma bagunceira, porque isso não faz parte da sua.

Você pode ser o tipo de pessoa que sempre quer saber onde seu companheiro está, enquanto ele não se importa com isso e não espera que você lhe dê satisfação. Então vocês podem definir a regra de que seu parceiro sempre vai lhe dizer aonde vai, para que você fique tranqüilo, mas que você não precisa fazer o mesmo, já que ele não se importa com isso.

Seu companheiro pode ter necessidade de ouvir que você o ama várias vezes por dia. Você pode preferir escutar essa declaração com menos freqüência, mas quando ele sente isso de verdade – desse modo, a regra de vocês pode ser que você repita várias vezes, mas ele não precisa dizer sempre. Regras diferentes para pessoas diferentes.

"Os relacionamentos mais felizes, bem-sucedidos e fortes são aqueles em que os parceiros percebem a necessidade de ser flexíveis em suas regras."

REGRAS PARA CONVIVER COM A FAMÍLIA E OS AMIGOS

Se você se imaginar como o centro de seu próprio universo, então você é justamente o eixo. O primeiro círculo a seu redor é seu companheiro; esse é seu relacionamento mais próximo e íntimo. O círculo seguinte é composto por sua família e seus amigos. Essas são as pessoas que você mais ama, com quem gosta de passar o tempo e que mais gostam de você. Essas são as pessoas com quem você pode relaxar e agir com naturalidade. Mesmo assim existem algumas regras. Há uma maneira correta de tratá-los e uma não-tão-correta-assim. Você ainda precisa agir com honra, dignidade e respeito. Você tem responsabilidades tanto para com seus filhos como para com seus pais. Você tem deveres para com seus irmãos. Você tem obrigações para com seus amigos e deve levá-las a sério.

Você tem uma série de papéis a desempenhar e de deveres a cumprir na vida – seja como pai ou mãe, amigo ou amiga, filho ou filha, irmão ou irmã, tio ou tia, padrinho ou madrinha, sobrinho ou sobrinha, primo ou prima. Esta seção do livro vai orientá-lo sobre a melhor maneira de desempenhar cada um desses papéis.

Ao longo da vida, precisamos interagir com outras pessoas. Nós esbarramos (emocionalmente) nelas o tempo todo e precisamos de regras que governem nosso comportamento, de modo a agir de maneira correta com os outros, saber o que fazer em situações delicadas, novas experiências e relacionamentos íntimos e permanentes.

Se quisermos que nossos relacionamentos com nossa família e amigos sejam bem-sucedidos e que eles nos tenham em alta conta, precisamos prestar um pouco mais de atenção a essas relações – precisamos agir de forma consciente, em vez de dormir na direção como faz a maioria das pessoas. Se agirmos sempre conscientes, poderemos melhorar esses relacionamentos, eliminar os problemas, encorajar os outros e, de um modo geral, espalhar um pouco de cordialidade e felicidade à nossa volta. O que poderia ser melhor do que isso?

REGRA 67

SE VOCÊ VAI SER AMIGO DE ALGUÉM, SEJA UM BOM AMIGO

Ser um amigo de verdade é uma tremenda responsabilidade. Você tem de ser leal, honesto, sincero, confiável, presente, amigável (isso é óbvio, não é mesmo?), agradável, aberto, sociável (não há sentido em ter amigos se você não vai socializar com eles, não é?), receptivo e gentil. Algumas vezes, você também vai precisar saber perdoar, estar preparado para oferecer ajuda, apoio e simpatia. Mas você também não quer ser passado para trás nem quer que tirem vantagem de você. E às vezes você pode precisar ser brutalmente franco e estar preparado para pôr a amizade em risco por conta disso. Da mesma forma, às vezes você terá de morder a língua e guardar sua opinião para si mesmo. Eles são seus amigos, não seus clones – e fazem as coisas de um modo diferente do seu. Você também vai ter que ser conselheiro, confessor, ajudante, companheiro, amigo, confidente e camarada. Você tem de trazer para a amizade seu entusiasmo, dedicação, determinação, criatividade, interesse, paixão e energia.

Tudo isso é o que você tem de fazer. E eles? Bem, num mundo ideal, deveriam fazer o mesmo. Mas, ainda que eles falhem em tudo isso, você vai continuar sendo amigo, vai perdoá-los, dar-lhes apoio e estar ao lado deles quando precisarem.

Se você quiser destacar algum item desta regra, o mais importante é estar ao lado de seus amigos quando eles precisarem de você. Você estará presente quando eles estiverem em dificuldades, e não apenas nos bons momentos. Você estará presente quando precisarem de sua ajuda no meio da madrugada, nos dias ruins, nos momentos difíceis e estressantes. Você vai segurar a mão deles, deixar que chorem no seu ombro, emprestar um lenço, dar tapinhas nas costas deles e preparar inúmeras xícaras de chá. Você vai lhes dizer que se animem, que não se preocupem, que não sejam bobos ou qualquer coisa que os faça se sentir melhor.

Às vezes você lhes dará bons conselhos. Em outras ocasiões, vai apenas ouvi-los. Você estará presente quando não tiver vontade. Você estará presente quando todos os outros amigos os tiverem abandonado. Você estará presente não importa o que aconteça.

Certa vez alguém disse que um amigo de verdade é uma pessoa com quem você está tendo uma conversa até que ela entra num avião, vocês não se vêem por 10 anos e, quando ela volta, continuam a conversar como se não tivesse passado nem um minuto. É exatamente o que acontece com bons amigos.

"O mais importante é estar ao lado deles quando precisarem de você. E não apenas nos bons momentos."

REGRA 68

NUNCA ESTEJA OCUPADO DEMAIS PARA AS PESSOAS QUE VOCÊ AMA

Em meio à correria da vida, é muito fácil esquecer as pessoas mais próximas da gente. Eu faço isso. Tenho irmãos muito especiais, bastante próximos de mim, e me esqueço de telefonar, de manter contato. Não que eu não me importe, mas sou muito ocupado. Uma coisa imperdoável. De vez em quando reclamo que não tenho notícias deles. Mas é claro que a culpa também é minha. É preciso encontrar tempo para estar com as pessoas que se ama, porque, do contrário, sem que a gente perceba, algumas semanas se transformam em meses e logo depois em anos.

É o mesmo com os filhos. Quanto mais tempo investirmos em nossos relacionamentos – com filhos, irmãos, pais e amigos –, mais receberemos em troca. Somos nós que temos de dar o primeiro passo, telefonar, fazer contato. E se eles não fizerem o mesmo? Tudo bem. Você agora joga de acordo com as regras.

É assim que você faz. Você administra sua vida muito bem, sabe lidar com a culpa (aliás, não sente nenhuma, porque telefonou, escreveu, manteve contato), sabe perdoar (porque eles não telefonam, não escrevem nem mantêm contato) e, em geral, tem ótimos relacionamentos. Você está num nível moral mais elevado e é o primeiro a estender a mão, é o primeiro a perdoar e esquecer (não importa quão séria foi a discussão, jogadores que seguem as regras não guardam ressentimentos nunca).

Não importa quanto sua vida seja atarefada – tenho a esperança de que estas regras eliminem um pouco da tensão e lhe dêem algum tempo de folga –, você tem de arranjar tempo. Você tem de encontrar um tempo de qualidade (desculpe, eu também detesto essa expressão) para todas as pessoas para as quais você faz diferença. Aqueles que o amam devem ser retribuídos com o seu tempo – é uma troca justa. Eles o amam e recebem uma parte de você, uma coisa preciosa. Isso mesmo, seu tempo e sua atenção. E você faz isso de boa vontade, não por obrigação. Você oferece seu tempo com dedicação e comprometimento, cheio de entusiasmo – ou então não ofereça nada. Não adianta reservar uma tarde para seus filhos, por exemplo, e usá-la para colocar o trabalho em dia, ler os jornais ou preparar a lancheira deles para o dia seguinte. Você tem de se dedicar inteiramente ou eles perceberão que sua atenção está em outra parte e vão se sentir enganados.

Então, quando o telefone tocar e for sua mãe, sua avó ou seu velho amigo, mas você estiver realmente ocupado fazendo outra coisa, não fique na linha fazendo "hum-hum" enquanto termina uma pesquisa na internet ou conclui uma carta. Pare tudo o que estiver fazendo e lhes dê atenção total ou pergunte se pode ligar mais tarde – e ligue mesmo. Algum dia eles poderão não querer mais escutá-lo – e então você vai desejar desesperadamente ter lhes dado atenção enquanto podia. Só que será tarde demais. Tenha tempo para as pessoas importantes para você. Hoje.

"Quanto mais tempo
investirmos em nossos
relacionamentos – com filhos,
irmãos, pais e amigos –,
mais receberemos em troca."

REGRA 69

DEIXE QUE SEUS FILHOS COMETAM OS PRÓPRIOS ERROS – ELES NÃO PRECISAM DE SUA AJUDA PARA ISSO

Eu tenho filhos e, naturalmente, quero que sejam felizes, equilibrados e bem-sucedidos. Mas será que não tenho alguns planos secretos para eles? Será que sonho que sejam médicos? Advogados? Diplomatas? Cientistas? Escritores? Empresários? Papa? (Alguém tem de ser o Papa, e deve haver pais que têm essa ambição para seu filho.)

Não. Acho que não. Juro solenemente que nunca nutri nenhuma dessas ambições para eles. Que eles não me ouçam, mas confesso que fiquei desapontado quando suas escolhas de carreiras me pareceram um pouco incomuns – não o tipo de coisa que eu achava que seria boa para eles. Mas você deve deixar seus filhos cometerem erros. Você não pode guiá-los o tempo todo, senão nunca vão aprender a caminhar sozinhos.

É disso que se trata esta regra – dar a seus filhos espaço para que cometam erros. Todos fizemos isso. Eu tive muita liberdade para fazer tudo errado e realmente fiz algumas grandes besteiras. Qual foi o resultado? Aprendi bem depressa o que funcionava ou não. Tenho um primo que nunca teve esse tipo de liberdade, foi sempre protegido e nunca fez nenhuma besteira tão grande quanto as minhas. Porém mais tarde – e ele é o primeiro a concordar com isso – tocou sua vida de uma forma tão desastrosa que acabou arranjando uma confusão impressionante. Todos temos de cometer erros. O melhor é cometê-los enquanto somos jovens e temos resistência e agilidade para começar tudo de novo.

Setenta e cinco por cento da arte de ser pai ou mãe é aprender fazendo. Você também tem a liberdade de cometer erros. O problema é que, se você fizer a coisa errada, seus erros realmente podem afetar de forma adversa a vida de outras pessoas. Por isso é tão difícil recuar e ver seus filhos fazerem as escolhas erradas. Você quer correr até eles, protegê-los, prepará-los por mais algum tempo e afastá-los dos perigos. Mas eles têm de aprender com os próprios erros. Se você pensa que eles só vão aprender se você disser o que é certo, está cometendo um grave erro. Eles precisam construir seu futuro com seus próprios recursos. A vida é real e eles não podem aprender a partir dos livros, seguindo nossos conselhos ou assistindo à televisão. Eles só vão aprender depois de queimarem os dedos. A sua função é ficar a postos com curativos, anti-sépticos e beijinhos para passar a dor.

É claro que você tem o direito de fazer perguntas orientadoras: "Você tem certeza de que essa é uma boa idéia? Você considerou todas as conseqüências? E o que vai acontecer depois que você tiver feito isso? Você tem condições de passar tantos dias fora da escola? Não acha que isso vai doer? Você já não experimentou alguma coisa parecida antes?" Você também pode fazer isso com seus amigos quando vir que eles estão prestes a cometer um grande erro, mas não queira ser desmancha-prazeres. Tente fazer com que suas perguntas não pareçam julgamentos ou reclamações, caso contrário eles vão ignorá-lo e irão em frente por pura teimosia.

"Você não pode guiá-los o tempo todo, senão nunca vão aprender a caminhar sozinhos."

REGRA 70

TENHA UM POUCO DE RESPEITO E PERDÃO POR SEUS PAIS

Esta regra pode ou não surtir algum efeito em você. Pessoalmente, como sou órfão, não deveria me afetar. Mas afeta. E muito. Fui criado com dois fatores altamente perturbadores: um pai ausente e uma mãe com quem era difícil conviver. E meus irmãos tiveram a mesma criação. Cada um de nós lidou com essas dificuldades de maneira diferente. Para mim foi mais fácil aceitar minha mãe depois que tive meus filhos e vi como educar crianças é difícil. Também pude perceber que algumas pessoas têm uma habilidade natural e intuitiva para isso. Enquanto outras, desculpem a franqueza, são absolutamente incapazes de realizar essa tarefa. Minha mãe pertencia a essa última categoria. Isso era culpa dela? Não. Devo culpá-la por isso? Claro que não. Posso perdoá-la? Não há nada a perdoar. Ela seguiu um caminho para o qual não estava preparada, não teve qualquer ajuda, não tinha a menor habilidade e achava tudo extremamente limitador e difícil. Resultado? Criou seus filhos de forma desastrosa e provavelmente todos nós precisamos de terapia. Ou de perdão e respeito. Por que ela deveria ser condenada por ter se saído mal em uma tarefa naturalmente difícil? Ora, há diversas áreas em nossas vidas em que não somos muito eficientes, habilidosos ou pelas quais não temos nenhum entusiasmo.

Seus pais fizeram o melhor que puderam. Isso pode não ter sido o suficiente para você, mas, mesmo assim, foi o melhor que conseguiram. Não podem ser culpados por não terem sido bons nisso. Nem todos podemos ser pais fabulosos.

E o pai ausente? Tudo bem, também. Todos fazemos escolhas que os outros podem considerar más ou imperdoáveis ou simplesmente egoístas e erradas. Mas eles não estão ali para saber. Nenhum de nós conhece as fraquezas dos outros, nem o que os motiva. Nem o que se passa em suas cabeças. Não podemos julgar ninguém até o momento em que tivermos de fazer a mesma escolha. E, ainda assim, se escolhermos um caminho diferente, ótimo, mas não podemos julgar nem culpar os outros.

Assim, considerando que eles o trouxeram ao mundo, tenha um pouco de respeito e perdão. Se eles fizeram um bom trabalho com você, então lhes diga. Se você os ama (e não existe nenhuma lei que o obrigue a fazê-lo), deixe que eles saibam. E, se eles foram péssimos pais, então simplesmente os perdoe e siga em frente.

Como filho, é seu dever ser respeitoso. É responsabilidade sua tratá-los com bondade e ser maior do que eles foram, demonstrando seu perdão e não os julgando. Você *pode* superar a educação que recebeu.

"Ora, há diversas áreas em nossas vidas em que não somos muito eficientes, habilidosos ou pelas quais não temos nenhum entusiasmo."

REGRA 71

DÊ UM POUCO DE LIBERDADE A SEUS FILHOS

Vamos falar um pouco sobre o que significa ser um bom pai ou uma boa mãe – qual é o seu papel. Primeiro, vamos pensar um pouco sobre esta regra – dar um pouco de liberdade a seus filhos significa apoiá-los e encorajá-los. Na verdade, deveria ser apoiar e encorajar *todas* as crianças, não apenas as suas. As crianças recebem muito pouco disso. Elas são inibidas por todos os lados e a palavra que mais ouvem é "não". Não, você não pode fazer isso. Não, você ainda não tem idade suficiente. Não, você não pode ter aquilo. Não, você não vai lá. Não, você não pode assistir a esse filme.

É incrivelmente fácil dizer "não". Essa é a palavra que sai mais facilmente da nossa boca. Entretanto, se quisermos dar apoio e encorajamento, precisamos limitar o uso dela. Temos de aprender a dizer "sim". É claro que esse sim terá de ser criterioso, de acordo com a idade, as habilidades e o desenvolvimento físico e mental da criança. Mas um "sim" ressonante lhes dá um grande incentivo, mesmo que seja seguido por "mas não agora" ou "assim que você tiver idade suficiente" ou "desde que você consiga economizar sua mesada para isso".

Também é muito fácil dizer a uma criança "Você não sabe fazer isso direito" ou "No seu lugar, nem tentaria, porque você não vai conseguir mesmo". É muito melhor incentivá-la a tentar e deixar que aprenda sozinha do que plantar nela a idéia do fracasso sem que sequer experimente. Sei que queremos proteger nossos filhos do mal, do fracasso e do desapontamento. Mas às vezes precisamos encorajá-los e guardar nossas preocupações para nós mesmos.

Os pais realmente bons são os que dizem: "Vá em frente. Você pode fazer isso. Você vai aprender. Você vai ser ótimo nisso." Ao verbalizarmos coisas positivas como essas, nossos filhos começam a acreditar em si mesmos e podem fazer mais coisas, se tornam mais autoconfiantes e mais capazes. Se apenas dissermos "não", eles vão crescer sem auto-estima e sem confiança.

Uma amiga me contou que, quando tinha seis anos de idade, queria muito ser bailarina. Nessa época ela já era grande e mostrava os sinais de que seria uma mulher atlética, com pés grandes e muito alta – o tipo físico totalmente oposto ao das bailarinas. Seus pais já deviam ter percebido isso e podiam ter dito que ela deveria tentar algo diferente, como entrar em um curso de artes marciais para crianças. Mas eles a matricularam em uma escola de balé. Não levou muito tempo para que ela mesma percebesse que não tinha vocação para a dança e resolvesse desistir porque sentia dores nas pernas. Mas foi ela que decidiu parar. E saiu com sua auto-estima intacta (ela só gostaria que seus pais não tivessem tirado fotos).

Seja lá o que eles quiserem fazer, não é tarefa sua podar seus sonhos, ficar no caminho deles, expressar sua preocupação, limitar suas esperanças ou desencorajá-los de qualquer forma. Sua tarefa é lhes dar orientação, apoio e encorajamento. Sua tarefa é lhes proporcionar os recursos para conseguir o que quiserem. Se terão sucesso ou não, é com eles. O importante é que você dê a eles uma chance de tentar.

"As crianças são inibidas por todos os lados e a palavra que mais ouvem é 'não'."

REGRA 72

NUNCA EMPRESTE DINHEIRO, A MENOS QUE ESTEJA DISPOSTO A PERDÊ-LO

O título completo desta regra deveria ser: Nunca empreste dinheiro – para um amigo, para seus filhos, para seus irmãos, nem mesmo para seus pais –, a menos que esteja disposto a perder o dinheiro ou o relacionamento.

Existe uma linda história sobre Oscar Wilde, segundo a qual ele pediu um livro emprestado a um amigo e se esqueceu de devolvê-lo. Quando o amigo apareceu pedindo que lhe devolvesse o livro, o jovem Oscar já o havia perdido. Então o amigo perguntou se Oscar não achava que estava pondo a amizade em risco por não devolver o livro. Oscar Wilde simplesmente respondeu: “Sim. Mas você não está fazendo a mesma coisa ao pedir o livro de volta?”

Não empreste dinheiro – ou um livro ou qualquer outra coisa –, a menos que esteja preparado para que seja perdido, esquecido, jamais devolvido, quebrado, ignorado ou seja lá o que for.

Se for uma coisa preciosa para você, então não empreste nunca. Se algo significa muito para você, mantenha-o em segurança. Se você emprestar qualquer coisa, inclusive dinheiro, não espere receber de volta, se é que você dá valor a essa amizade ou relacionamento. Se receber de volta, encare como um prêmio. Se não devolverem nunca, bem, você já estava preparado para isso.

Muitos pais cometem o erro de emprestar dinheiro para seus filhos e então ficam magoados e desapontados porque eles não devolvem. A vida toda eles deram dinheiro à criança, mas, assim que ela cresce um pouco e vai para a universidade ou começa a trabalhar, os pais começam a lhe dizer que é um empréstimo e a exigir que seja pago. E, na maioria das vezes, isso não acontece. As crianças não foram treinadas para pagar o que os pais lhes deram. É totalmente irreal esperar que façam isso. Caso lhe paguem, considere uma bênção e sinta-se grato.

O mesmo acontece com seus amigos. Nunca lhes empreste nada se for importante que devolvam. Afinal, a escolha de emprestar ou não é sua. Você não é obrigado a emprestar nada a ninguém. Se resolver fazer isso, deve estar preparado para considerar o empréstimo uma despesa inesperada – ou não faça. Obviamente, se o dinheiro é mais importante do que a amizade, é claro que deve pedi-lo de volta – e com juros.

A regra também vale para irmãos ou pais (pelo amor de Deus, jamais empreste dinheiro a eles, porque eles nunca vão devolver!). Então, a quem você pode emprestar dinheiro? A estranhos, naturalmente. E eles também não vão pagar.

"Se for uma coisa preciosa para você, então não empreste nunca."

REGRA 73

NÃO EXISTEM CRIANÇAS MÁS

Certa vez, chegou à Inglaterra uma frase que surgiu no Sul da Califórnia e fez meu sangue ferver: "É uma criança boa que fez uma coisa má."

Essa frase me causou calafrios. Simplesmente odiei. Cheguei mesmo a me revoltar contra ela. Para mim, era a maior de todas as besteiras politicamente corretas. Mas agora tenho de me desculpar. Parei para refletir e, embora eu nunca vá dizer que "É uma criança boa que fez uma coisa má", concordo com a idéia central. Não existem crianças más. Pode haver crianças que fazem coisas ruins. Até mesmo pavorosas. Mas elas não são más. Não importa quão travessos meus filhos sejam, eles não são maus. Seu comportamento às vezes pode me fazer subir pelas paredes, porém, quando estão dormindo e vou dar uma olhadinha neles, são uns anjinhos, totalmente bons e perfeitos. Sim, durante o dia eles podem me deixar furioso com suas travessuras e seu mau comportamento, mas eles continuam sendo intrinsecamente bons.

A única razão para agirem mal é que estão explorando o mundo e descobrindo seus limites. Eles precisam cometer erros para descobrir o que é o quê. É natural e perfeitamente normal.

O mesmo vale para qualquer comportamento fora dos padrões. Não há crianças desajeitadas, há comportamentos desajeitados. Não há crianças estúpidas, apenas condutas estúpidas. Não há crianças maldosas, apenas atos maldosos. Não há crianças egoístas, apenas ações egoístas.

Elas não sabem agir de um modo melhor, e é sua função ensinar, educar e encorajar. Se acreditar que elas são más, já estará começando errado. Você está praticamente condenado ao fracasso se acreditar que elas fazem tudo errado. Você não poderia mudar uma criança má, mas pode mudar um mau comportamento. Se você acreditar que a criança é boa, certamente será bem-sucedido. Tudo o que você precisa fazer é modificar o comportamento dela, e esse é um objetivo possível.

É terrivelmente prejudicial dizer a uma criança: "Você é má." Isso gera uma crença muito difícil de mudar depois. Melhor dizer "Você fez uma coisa má" ou "Você se comportou muito mal". Dessa forma, elas podem fazer alguma coisa a respeito. Mas, se você disser que elas são más, não há nada que possam fazer, e isso, sem dúvida, vai afetá-las.

> "Você não poderia mudar uma criança má, mas pode mudar um mau comportamento."

REGRA 74

MOSTRE-SE POSITIVO QUANDO ESTIVER PERTO DAS PESSOAS QUE VOCÊ AMA

Daqui para a frente, sua tarefa como um jogador que segue as regras é se mostrar positivo quando estiver perto das pessoas que ama. Pare de se queixar. Pare de reclamar. Pare de resmungar. Esse tipo de coisa não vai mais sair de seus lábios. A partir de agora você será a pessoa positiva, aquela que está sempre alegre, para quem sempre acontecem coisas boas.

Quando lhe perguntarem como vai, em vez de dizer algo como "Não posso me queixar, podia ser pior", de agora em diante você vai responder: "Ótimo, excelente, maravilhoso." Não importa quanto você se sinta infeliz, que seu dia tenha sido horrível, nem quão deprimido, chateado ou de saco cheio você esteja. E o mais interessante é que, assim que disser que está "maravilhoso", mesmo que não esteja sentindo nada disso, você vai encontrar alguma coisa positiva para dizer em seguida. Entretanto, se disser "Já estive melhor", os pensamentos seguintes serão todos negativos. Experimente – funciona de verdade.

No futuro, a partir de hoje, a partir deste exato momento, você deve se tornar a pessoa que está sempre alegre, entusiasmada, de bom humor. Por quê? Porque alguém tem de ser assim, ou todos vão querer acabar com tudo. A vida é dura e traiçoeira. Alguém tem de aliviar o fardo, animar o espírito e afastar o desânimo. Quem vai se encarregar dessa tarefa? Você.

Eu sei, eu sei. Você está sentado aí, lendo este livro e pensando: "Por que eu? Por que tenho que suportar esse fardo?" Porque você é capaz de carregá-lo. Mas faça isso em segredo (lembre-se da *regra 1*), sem alarde nem reclamação. Simplesmente mude sua maneira de ser e sua direção. De agora em diante, você deve ser positivo quando estiver perto das pessoas que ama. Queixe-se com estranhos. Mas as pessoas amadas têm de receber o melhor tratamento. Sempre com alegria e entusiasmo.

Pessoas bem-sucedidas, aquelas que atingiram seus objetivos, sempre são alegres. Elas se preocupam mais com o que os outros estão passando e sentindo do que com seus próprios pequenos problemas. Elas sempre estão interessadas em saber o que está errado com você, em vez de ficarem se queixando do dia. Pensam e agem positivamente, passam confiança, alegria de viver e entusiasmo.

Um amigo meu foi morar no exterior, em um país cuja língua ele conhecia pouco. Ele disse que seu humor melhorou muito desde então, porque não conhecia as palavras para dizer que estava triste, de mau humor ou de saco cheio. Quando alguém lhe perguntava como ele estava, a única coisa que podia dizer era "Feliz", porque essa era a única resposta que conhecia para tal pergunta. Ele descobriu que, quando dizia isso, se sentia assim.

> "Alguém tem de aliviar o fardo, animar o espírito e afastar o desânimo."

REGRA 75

ATRIBUA RESPONSABILIDADES A SEUS FILHOS

As crianças crescem e saem de casa. Deixam de ser bebês indefesos e se tornam adultos maduros que fazem sexo e bebem cerveja pelas suas costas. O segredo é tentar acompanhar o ritmo delas. À medida que elas crescem, você tem de se afastar e deixar que façam mais coisas por conta própria. Você precisa resistir ao impulso de fazer tudo por elas e deve deixar que fritem ovos* ou pintem latas de lixo** sozinhas.

Trata-se de um equilíbrio delicado. Você não pode lhes dar mais responsabilidades do que eles podem administrar, mas ao mesmo tempo não pode detê-los. E, quando você os deixar fritar ovos pela primeira vez, é claro que eles vão fazer uma grande bagunça – vai cair gema no fogão e no chão da cozinha. Na maioria das vezes, é essa bagunça que faz os pais dizerem "Não, você não pode fazer isso". Mas é preciso quebrar alguns ovos até

---

* Essa é uma história do meu filho. Quando lhe perguntaram o que significava ser adulto, ele respondeu que era poder fritar ovos, coisa que não o deixavam fazer – nessa época ele tinha mais ou menos oito anos. Eu me senti tão mal que o encarreguei de preparar o café da manhã todos os dias, durante um mês inteiro, até que ele não agüentasse mais fritar ovos.

**Essa é a história de um amigo que estava sempre zangado com seu pai. Quando eu perguntei sobre o relacionamento deles, meu amigo disse que, quando era criança, o pai nunca o deixava fazer nada em casa para ajudá-lo. Ele perdeu a paciência no dia em que o pai estava pintando uma lata de lixo e ele pediu para ajudar, mas o pai disse "não". Por quê? Não haveria mal nenhum. O motivo de o pai estar pintando uma lata de lixo ainda é um mistério.

conseguir fritar um para que as crianças possam concluir um trabalho do tipo "faça você mesmo" quando se tornarem adultas.

Quando elas são pequenas e estão aprendendo a beber no copo, esperamos que derramem um pouco de água. Ficamos a postos, com um pano de chão, para limpar a sujeira. Mas, quando elas se tornam adolescentes, esquecemos a arte de esconder o pano atrás das costas enquanto esperamos que elas derramem água no chão. Queremos que elas sejam capazes de manter seus quartos arrumados de primeira. Mas elas nunca fizeram isso. Nem sabem como fazer. Elas precisam aprender, e parte desse processo é não fazer, depois fazer mal, depois fazer de um jeito que nós, adultos, faríamos. Nossa tarefa é ajudá-los. Atribuir-lhes responsabilidades lentamente, pouco a pouco e sempre com a devida orientação.

Nós esperamos que eles façam tudo certo da primeira vez, sem derramar nada, sem quebrar os ovos, sem respingar tinta no chão. Nossas expectativas é que são irreais. Fazer bagunça é parte do crescimento.

"À medida que elas crescem, você tem de se afastar e deixar que façam mais coisas por conta própria."

REGRA 76

SEUS FILHOS PRECISAM SE INDISPOR COM VOCÊ PARA SAÍREM DE CASA

Eles nunca arrumam seus quartos. Eles ouvem música tão alto e por tanto tempo que você fica maluco. A relação de vocês está chegando ao limite e você fica se perguntando onde foi que errou para seu filho ter se tornado um adolescente mal-humorado, melancólico e sempre vestido de preto. Ele é monossilábico, parece sempre deprimido (mas fica milagrosamente alegre quando seus amigos aparecem), está sempre com fome, é rude, mercenário, impertinente e sempre parece ter vergonha de você. E você se sente culpado por isso. A responsabilidade é sua. De algum modo, você falhou com ele. Tudo bobagem. Na verdade, todas essas coisas são boas.

Seus filhos precisam se indispor com você para saírem de casa. Se eles o amarem demais, não irão embora nunca. Você os criou, vestiu, alimentou e bancou por toda a vida. E eles não querem se sentir gratos. Eles querem ir embora, beber demais, ter relações sexuais e dizer obscenidades, como todo adulto. Eles não querem mais ser seu anjinho querido. Eles querem ser atrevidos, insolentes, rudes e adultos. Eles querem descobrir e explorar o mundo e se meter em encrencas sozinhos. Precisam quebrar as correntes, cortar o cordão umbilical e sair por aí gritando que finalmente estão livres. E como vão fazer isso se ainda o reverenciam tanto, se ainda se sentem muito ligados a você, se ainda o amam tanto? Eles precisam se libertar. E o modo de conseguir isso é *não* se entender com você até que possam voltar para casa sendo mais do que simplesmente seus filhos.

Esse é um processo natural e você deve aceitá-lo e se sentir orgulhoso de vê-los partir. Faça seus filhos saírem de casa cedo e eles voltarão depressa. Você nunca mais vai poder bagunçar o cabelo deles, cobri-los na hora de dormir nem ler uma história. Mas terá amigos adultos batendo à porta de sua casa, com o quais terá um relacionamento totalmente novo.

Se você os prender, eles vão ficar ressentidos por mais tempo. Se tomar as coisas como pessoais, eles vão demorar mais para voltar, porque se sentirão culpados.

E pode mostrar isso ao seu filho adolescente: "Não torne as coisas muito difíceis para seus pais. Eles se sentem tão ameaçados por esse novo relacionamento quanto você. Dê-lhes algum tempo. Assim como você, eles aprendem fazendo."

"Eles precisam se libertar. E o modo de conseguir isso é *não* se entender com você até que possam voltar para casa sendo mais do que simplesmente seus filhos."

REGRA 77

SEUS FILHOS TERÃO AMIGOS DOS QUAIS VOCÊ NÃO VAI GOSTAR

"Ah, não. Mickey Brown está aqui – de novo!" Era isso que minha mãe gritava todos os sábados de manhã. Ela odiava Mickey Brown com todas as forças. Por quê? Não faço a menor idéia. Ela não gostava da maioria dos meus amigos, mas guardava toda a sua fúria para o pobre Mickey Brown, de quem já não gostava antes mesmo de conhecê-lo.

Seus filhos terão alguns amigos que você não vai aprovar. É natural. Aprenda a conviver com isso. Quando crianças, somos atraídos por crianças diferentes de nós. É assim que descobrimos o mundo. Ficamos amigos de uma criança muito pobre ou muito rica porque não sabemos como é viver assim e queremos descobrir. Nós nos ligamos a um delinqüente, a uma princesinha mimada, a um garoto de outra etnia, a um menino de rua maltrapilho e cheirando mal, a uma criança autista ou a um rapazinho presunçoso de classe média cujos pais são contadores.

Não importa que tipo de criança seja, os pais se sentem tentados a desaprovar a amizade. Faz parte da natureza humana, mas nunca devemos fazer isso. Devemos apoiar, encorajar, dar as boas-vindas e estar de braços abertos. Por quê? Porque, se nosso filho está andando com essas crianças para testar nossa tolerância, isso é muito bom. Mostra que os educamos para que não sejam preconceituosos nem julguem os outros. E, se eles não estão agindo assim, também não devemos agir.

O mais engraçado é que os pais de Mickey Brown também não me suportavam. Ele não tinha permissão para brincar com armas e eu sempre as contrabandeava para dentro de sua casa quando seus pais não estavam vendo. Eu não tinha qualquer predileção particular por armas – estou falando de armas de espoleta –, mas adorava deixá-lo encrencado...

Um de meus filhos fez uma festa de aniversário e insistiu em convidar um garoto de sua turma que tinha sérios problemas de comportamento (o que costumamos chamar de "criança-problema", mas agora você não pode mais fazer isso – veja a *regra 73*). Quando seus pais vieram buscá-lo, estavam quase chorando, porque aquela tinha sido a primeira festa para a qual o garoto tinha sido convidado. Por quê? Porque se comportava mal? Mas ele foi um anjinho e não fez nada de errado. Vá sonhando. Ele fez jus à fama que tinha e era possível me ouvir reclamado por semanas depois da festa: "Nunca mais. Ele nunca mais põe os pés aqui." Mentira também. Na verdade, ele fez algumas artes e um pouco de sujeira, mas não mais do que as outras crianças. Por sua vez, um menino supostamente bem comportado foi flagrado enchendo uma de minhas botas com sanduíches de queijo e geléia.

"Se nosso filho está andando com essas crianças para testar nossa tolerância, isso é muito bom."

R E G R A 78

SEU PAPEL COMO FILHO

Então agora você é adulto e não reconhece mais seu papel como filho. Mas você continua sendo filho, mesmo que receba alguns olhares atravessados se estacionar em uma vaga para "pais e filhos" quando sair para fazer compras com sua mãe ou seu pai.

Até que seu pai e sua mãe tenham falecido e você seja promovido, por assim dizer, você continua sendo filho. E você tem algumas responsabilidades. Você tem o dever – agora que é um jogador que segue as regras – de ser cortês, atencioso, paciente e cooperativo com seus pais.

Sim, eu sei que às vezes eles tiram você do sério, mas de agora em diante você tem uma função a cumprir, que é simplesmente:

- Comportar-se para com eles de maneira impecável.
- Cuidar deles, se é isso que precisam ou querem.
- Deixá-los em paz, se é isso que precisam ou querem.
- Ouvi-los enquanto falam sem parar, sem perder a paciência nem ficar suspirando.
- Levar em consideração que eles tiveram uma vida longa e difícil e que adquiriram bastante experiência – algumas que podem ser úteis para você, mas você nunca vai descobrir se continuar balançando a cabeça e ignorando o que eles dizem.
- Visitar, escrever, telefonar, se comunicar com maior freqüência do que acha que deveria – se bem que provavelmente vai ser menos do que eles gostariam.

- Não falar mal deles na frente dos seus filhos, pelo contrário, enaltecê-los como os melhores avós do mundo.
- Sentir-se feliz quando eles vierem passar uns dias com você e deixá-los à vontade para assistir ao que quiserem na televisão, sem reclamar.

E por que você faria tudo isso? Porque eles lhe deram sua vida e o criaram. Sim, eu sei que eles cometeram erros, mas você já os perdoou por isso (veja a *regra 70*) e agora está tudo bem.

Os pais merecem um tratamento decente quando ficam velhos e precisam de atenção e de alguém que os escute e os leve a sério – além disso, eles são ótimos para cuidar das crianças e dos cachorros quando você quer sair ou viajar (e geralmente não cobram).

"Você tem o dever de ser cortês, atencioso, paciente e cooperativo com seus pais."

REGRA 79

SEU PAPEL COMO PAI OU MÃE

Meu Deus, esta é difícil. Você tem um papel importante, mas como defini-lo, como torná-lo real para você, de modo que possa vivenciá-lo e colocá-lo em prática?

Steve Biddulph, autor de *Criando meninos* e de outros livros sobre criação de filhos, afirmou, em entrevista recente a um jornal, que nossa tarefa como pais é manter nossos filhos vivos, até que eles tenham idade suficiente para se virarem sozinhos...

Se você for louco o bastante para assumir essa função, saiba que está assinando um contrato invisível com seus filhos, em que se compromete a lhes dar o melhor que puder. E não estou me referindo apenas a bens materiais. Sua missão, uma vez que decidiu aceitá-la, é fazer tudo para criar seus filhos da melhor maneira possível. Você tem de encorajar, apoiar, educar, ser gentil, paciente, leal, honesto, carinhoso e cheio de amor.

Você terá de garantir que eles se alimentem com o que há de melhor para o bom desenvolvimento infantil. Você lhes dará a melhor educação para desenvolver seus talentos e habilidades. Você terá o objetivo de desenvolver seus interesses por todas as áreas e não somente por aquelas de que você gosta. Você vai estabelecer limites claros, de modo que eles saibam exatamente o que é o quê e o que podem ou não fazer – e vai impor uma disciplina clara e aceitável caso eles ultrapassem esses limites. Você vai ajustar seu grau de supervisão de acordo com a idade deles – crianças menores precisam de uma supervisão mais constante do que as mais velhas. Você vai sempre oferecer um porto seguro ao qual eles podem voltar – não importa em que tipo de confusão eles tenham se metido nesse mundo feroz que fica além da sua porta.

Você será firme, amoroso, generoso, carinhoso e responsável. Você vai estabelecer os padrões e servir de modelo para eles. Você não vai fazer nem dizer qualquer coisa da qual não se orgulhe caso eles fiquem sabendo. Você vai ficar ao lado deles, protegê-los e mantê-los em segurança. Você vai expandir sua imaginação e estimulá-los para que cresçam criativos, cheios de entusiasmo pelo mundo e ansiosos para seguir em frente.

Você vai demonstrar sua aprovação por eles, elevar sua autoestima, aumentar sua autoconfiança e enviá-los para o mundo cultos, educados, com boas maneiras e como indivíduos produtivos para a sociedade. E, quando chegar o momento de deixarem o ninho, você vai ajudá-los a fazer as malas e continuar a apoiá-los até que eles possam andar com os próprios pés (ou voar com as próprias asas?).

Nem é tanta coisa assim.

"Sua missão, uma vez que decidiu aceitá-la, é fazer tudo para criar seus filhos da melhor maneira possível."

REGRAS PARA SE VIVER EM SOCIEDADE

Todos os dias entramos em contato com seres humanos vivos e reais – no trabalho, no ônibus, em lojas, pelas calçadas, por toda parte –, pessoas que podemos ter encontrado antes ou completamente desconhecidas. O mundo está cheio de gente com quem interagimos. Essas interações, grandes ou pequenas, podem nos fazer encarar a vida de forma positiva ou podem ser profundamente desagradáveis. Desse modo, o que apresento a seguir são algumas regras para se viver em sociedade. Elas não estão gravadas em pedra. Não são nenhuma revelação divina. São apenas lembretes.

Veremos algumas regras sobre como lidar com as pessoas no trabalho. Afinal de contas, é lá que passamos a maior parte do nosso tempo, e qualquer coisa que possamos fazer para tornar nossa carreira mais bem-sucedida e nossa vida profissional mais satisfatória, produtiva e, acima de tudo, mais feliz não vai ser ruim.

As regras para se viver em sociedade são o quarto círculo que desenhamos à nossa volta (o primeiro somos nós mesmos; o segundo, nosso companheiro; o terceiro, nossa família e amigos; o quarto, nossos relacionamentos sociais; e o quinto é o próprio mundo).

É muito fácil encarar nosso próprio grupo, classe social ou qualquer outro nível de comunidade como o certo, o mais importante e melhor do que os outros. Mas cada comunidade se vê dessa forma. Seria muito melhor traçar este quarto círculo incluindo pessoas de outras origens, de outras etnias ou de outras comunidades, de modo a nos sentirmos parte de uma comunidade maior, a humanidade. É melhor incluir demais do que excluir um que seja. E é extremamente fácil excluir por qualquer motivo, supor que existam "eles" e "nós", quando, na verdade, somos todos "eles", todos "nós".

Temos de tratar a todos com respeito, ou então para que serviria tudo isso? Temos de demonstrar interesse por todos, ou tudo perderá o sentido. Temos de ajudar os outros, não importa quem sejam, ou não haverá ninguém para nos ajudar quando precisarmos. Temos de ser os primeiros a estender a mão. Por quê? Porque somos jogadores que seguem as regras.

R E G R A 80

ESTAMOS TODOS MAIS PRÓXIMOS DO QUE VOCÊ PENSA

Eu tenho um amigo. Na verdade não é exatamente um grande amigo, é mais um conhecido. Um cara comum, dono de uma empresa de informática e pai de família. Um cara normal, trabalhador e honesto. Não tinha nada de diferente. Era o que ele pensava.

Ele nasceu e foi criado na Inglaterra e era contra a imigração. Costumava se justificar citando alguns números, mas sempre achei que era algo mais profundo do que isso. Não faz muito tempo, ele descobriu que era adotado. Não há nada de errado nisso – muitas pessoas são –, mas então ele resolveu procurar sua família verdadeira. É, você já deve ter adivinhado. O pai dele era um estrangeiro.* Ele era apenas metade inglês, mas seria impossível dizer isso só de olhar. Interessante.

Se você traçar a história de qualquer pessoa, vai descobrir que ela tem ascendentes de diferentes comunidades e grupos étnicos. Nenhum de nós é absolutamente "puro". A humanidade foi tão misturada, agitada e remexida que ninguém pode dizer exatamente de onde nos originamos. Se você vasculhar um pouquinho mais, vai ver que todos nós temos algum traço um pouco diferente. Aparentemente, metade dos homens europeus descende de uma linhagem que remete a Gengis Khan – e ele era da Mongólia.

---

*As palavras são dele, não minhas.

Aonde quero chegar? Não devemos julgar os outros, porque somos todos humanos, todos temos origem na mesma mistura de raças. Se procurarmos bem, vamos descobrir que todos somos parentes. Não há diferença. Temos de aceitar outras comunidades e outras culturas, mesmo que sejam diferentes da nossa, porque essas diferenças se tornam muito pequenas quando se retira o verniz que todos nós usamos.

Sim, podemos usar roupas diferentes, falar diversas línguas e ter costumes variados, mas todos nos apaixonamos, todos queremos alguém para abraçar, formar uma família, ser felizes, bem-sucedidos, não ter medo do escuro, viver por muito tempo, ter uma morte tranqüila, ser atraentes e não engordar, envelhecer nem adoecer. Que diferença faz se usamos um terno, um sari ou uma saia havaiana, se no fundo todos choramos quando nos machucamos, rimos quando estamos alegres e sentimos o estômago roncar quando temos fome? O verniz pode ser retirado em um segundo e então descobrimos que todos somos iguais, todos amáveis e completamente humanos.

"As diferenças se tornam muito pequenas quando se retira o verniz que todos nós usamos."

REGRA 81

PERDOAR NÃO DÓI

É fácil se zangar. É fácil ficar furioso, resmungar, fazer gestos agressivos e praguejar. Perdoar já não é tão fácil assim. E não estou falando de oferecer a outra face nem nada disso. Estou falando de tentar ver as coisas pelo ponto de vista da outra pessoa. E estar disposto a perdoar.

Recentemente, durante um feriado, tive um contratempo que basicamente envolvia um ciclista completamente encharcado berrando um monte de desaforos porque achava que alguém (não, não era eu) tinha passado com o carro muito perto dele e praticamente o tinha empurrado para uma vala. Ele gritava de uma forma grosseira e agressiva, completamente descontrolado, dizendo os maiores impropérios. Tentei falar com ele em favor da pessoa que ele estava xingando, mas ele ficou furioso comigo também. Em seguida, montou na bicicleta e se virou para mostrar o punho para mim, o que quase o fez cair. Por dentro, morri de rir. Foi fácil perdoá-lo, não no sentido religioso, mas porque percebi que ele havia escolhido o feriado errado para sair de casa.

Obviamente, ele estava convencido de que o passeio de bicicleta seria divertido, mas escolheu uma região muito montanhosa e choveu o dia inteiro. Ele estava cansado, molhado, cheio de dor e bastante infeliz. Como eu poderia não perdoá-lo? Se eu tivesse sido tolo o bastante para escolher aquele feriado para andar de bicicleta, também estaria zangado, rabugento, impaciente, de mau humor e pronto para arrumar uma briga. Tive pena dele porque pude perceber como se sentia infeliz. É claro que ele estava errado por usar aquele tipo de linguagem – principalmente na frente de crianças. É claro que ele estava procurando briga, ameaçando e sendo agressivo. Mas poderia ser você ou eu naquela situação, com frio, molhados, nos sentindo miseráveis. E quem pode garantir que não perderíamos o controle se tivéssemos escolhido sair no dia errado?

Estar disposto a perdoar não significa que vamos deixar que os outros façam conosco o que bem entenderem nem que vamos aceitar qualquer coisa. Podemos bater o pé e dizer "Desculpe, mas não tenho que aceitar isso", mas também podemos fazer um esforço para perdoar e ver as coisas do ponto de vista dos outros. Talvez a palavra mais apropriada seja tolerância e não perdão. De toda forma, não temos de confundir perdão ou tolerância com mansidão. Sempre poderemos dizer "Suma daqui com sua linguagem suja, sua droga de bicicleta e seu cheiro de rato", enquanto sentimos pena do pobre idiota. No fundo, ele era um homem bom que fez uma coisa errada.

Apenas tenha em mente que qualquer pessoa com quem você tenha contato e o trate mal pode ter passado por péssimos momentos antes de se encontrar com você.

> "Estar disposto a perdoar não significa que vamos deixar que os outros façam conosco o que bem entenderem."

REGRA 82

AJUDAR NÃO DÓI

Na regra anterior, vimos que uma pessoa chateada pode ter passado por maus bocados antes de se encontrar com você. Então vamos tentar proporcionar um bom dia para todas as pessoas antes que elas se encontrem com outras. Vamos espalhar um pouco de boa vontade à nossa volta e talvez, apenas talvez, os ciclistas malucos não fiquem tão dispostos a se rebelar e se tornar agressivos. Pode ser que ninguém tenha sido gentil com ele naquele dia. Ou talvez por muito tempo. Como você pode ver, a culpa é toda sua. Se você tivesse sido um pouco mais cordial, ele não teria despejado sua raiva sobre o resto da humanidade naquele dia.

Sempre estender a mão e tratar de modo decente todos os que encontramos se torna bastante simples se você tiver em mente que é isso que deve fazer. Esse pode se tornar nosso comportamento "padrão". Sua primeira reação vai passar a ser "Sim, posso lhe mostrar como fazer isso sem problema nenhum", em vez de "Estou muito ocupado agora, você não pode pedir para outra pessoa?".

Experimente essa atitude no trabalho e veja o que ela pode fazer por sua reputação e sua carreira. Tornar-se conhecido como alguém que está sempre disposto a ajudar não vai fazer de você alguém que pode ser usado. Muito pelo contrário.

Se você vir uma pessoa em dificuldade – mesmo que ela apenas tenha rasgado a bolsa do supermercado enquanto guardava as compras na mala do carro –, você sempre pode se aproximar e perguntar: "Quer que lhe ajude?" Se ela quiser, vai aceitar sua oferta, e, se não quiser... Bem, você tentou e é isso que importa.

Esta regra se refere a começar cada dia pensando o melhor sobre as pessoas, ser o primeiro a sorrir, perceber quando alguém precisa de ajuda em vez de passar apressado pelos outros. Refere-se a tentar ver as coisas a partir do ponto de vista alheio, ser simpático quando alguém está com problemas – você não precisa resolvê-los. Significa dar um pouco de seu tempo e se preocupar se as pessoas à sua volta estão bem. Sim, inclusive estranhos. Se todos sorrirmos de vez em quando para estranhos, o mundo pode começar cada dia de uma forma menos agressiva.

"Esta regra se refere a começar cada dia pensando o melhor sobre as pessoas."

REGRA 83

ORGULHE-SE DE SER PARTE DE UMA COMUNIDADE

Há pouco tempo fui à Islândia – um país fabuloso e muito cordial; foi uma viagem bastante educativa e divertida. Uma coisa que percebi lá foi a maneira como eles falam de projetos cívicos. Tomei um táxi, mas ficamos retidos por causa de uma obra em uma rodovia perto de Reykjavik. Perguntei qual era o motivo da obra, porque a pista parecia estar sendo rebaixada. "Estamos modificando a rodovia porque ela fica muito ruim no inverno." Quando voltei à Inglaterra, fiz uma pergunta semelhante a um motorista de táxi a respeito de uma obra perto do aeroporto de Heathrow. "Não sei, cara. Não faço idéia do que eles estão fazendo, mas sempre abrem buracos nessas drogas de estradas." Na Islândia, eles usam "nós": "Nós estamos fazendo isso." Na Inglaterra são "eles": "Eles estão fazendo isso." Interessante.

Eu nunca havia notado que a maneira como falamos de nós mesmos indica como nos sentimos com relação à comunidade. Na Islândia, o conceito de identidade, de fazer parte de uma comunidade é muito forte e eles usam "nós".

Para dar apoio à nossa comunidade, talvez devamos mostrar mais interesse por ela, descobrir o que está sendo feito, participar de alguma forma, parar de reclamar e nos engajar, tentar modificar as coisas. É o mesmo que acontece quando um pequeno armazém fecha as portas. Todos se queixam e dizem que isso é ruim – e então continuam fazendo compras no supermercado da cidade. Não é possível ter as duas coisas. Se você quer pertencer a uma comunidade, tem que fazer parte dela de verdade e apoiá-la, ou então ela vai estagnar e morrer.

Não estou sugerindo que você se candidate a vereador nem que participe de todos os comitês da cidade. Mas você pode dar seu apoio simplesmente comparecendo às reuniões, demonstrando interesse e ficando a par do que está acontecendo.

E você não precisa viver em uma cidade pequena para se sentir parte da comunidade. A maioria das grandes cidades é formada na verdade por um conjunto de bairros, cada um com sua identidade e limites claramente definidos. Você pode se engajar no bairro onde mora e se sentir parte dele.

Caso sua comunidade – e isso vale para todo o país – esteja fazendo algo com que você não concorda, somente se manifestando você será capaz de mudar as coisas. E não estou falando de se sentar num bar e ficar reclamando. Você tem de se envolver de alguma maneira para fazer diferença.

"Para dar apoio à nossa comunidade, talvez devamos mostrar mais interesse por ela, participar de alguma forma."

REGRA 84

O QUE ELES GANHAM COM ISSO?

Todos queremos ganhar. No trabalho e em diversas áreas da vida, vencer é bom e ninguém gosta de sair perdendo. Ninguém escolhe ser um perdedor. Mas costumamos pensar que, se vamos ganhar, outra pessoa, alguém próximo de nós, terá de perder. Só que não precisa ser assim.

Em todas as situações, o jogador que segue as regras pondera as circunstâncias e pergunta: "O que eles ganham com isso?" Se você souber o que motiva a outra pessoa, pode ajudá-la a conduzir a situação (e suas próprias ações) de modo que você consiga o que quer, mas que ela também sinta que está ganhando alguma coisa. A relação "ganha-ganha" pode ter surgido no mundo dos negócios, mas se aplica a praticamente qualquer situação e relacionamento.

Para descobrir o que os outros provavelmente querem ou precisam, afaste-se um pouco e veja a situação com algum distanciamento, como se estivesse do lado de fora. Subitamente vai deixar de ser uma questão entre *você* e *eles*, e você não vai mais pensar sobre o que *eles* têm de abrir mão para que você possa ganhar.

Lidar com alguém que domina esta regra é uma experiência recompensadora – as pessoas vão querer trabalhar com você, porque percebem uma atmosfera de cooperação e compreensão. Assim que você se acostumar a ver o objetivo da outra pessoa, vai se tornar bastante eficiente em suas negociações e adquirir a reputação de ser maduro e cooperador – e isso é mais uma coisa que você ganha.

Não é somente no ambiente de trabalho que a relação "ganha-ganha" compensa. Experimente usá-la em casa. Se vocês estão discutindo sobre aonde irão nas férias e você quer muito esquiar na França, pense "O que eles ganham com isso?" – o que nessas férias pode fazer com que eles se sintam felizes? Ressalte esses aspectos e será mais provável que concordem com você. Se for muito difícil encontrar alguma coisa que os interesse, então precisa mudar um pouco sua maneira de pensar – talvez você encontre um lugar onde possa esquiar enquanto eles fazem caminhadas ou compras. É assim que funciona. Perguntar "O que eles ganham com isso?" ajuda você a ver a situação de outro ângulo.

Isso também funciona para a criação dos filhos. Se você simplesmente impuser uma regra sem considerar o que as crianças querem e precisam, elas se rebelarão, ou ao menos se tornarão difíceis de lidar. Novamente pergunte: "O que elas ganham com isso?" Você vai ver a questão a partir do ponto de vista delas e saberá conduzir as coisas de uma forma melhor. E vai conseguir o que quer.

> "Você consegue o que quer,
> mas elas também sentem
> que estão ganhando
> alguma coisa."

REGRA 85

CONVIVA COM PESSOAS POSITIVAS

Se você quiser obter sucesso na vida, no trabalho e na sociedade, precisa entender que há dois tipos de pessoas com quem pode conviver. Primeiro, existem aquelas que o deixam animado, que encaram a vida de forma positiva, que têm energia e entusiasmo, que seguem seu caminho, falam de maneira otimista sobre suas vidas e, em geral, fazem você se sentir feliz por estar vivo. E existem pessoas que não param de se queixar da vida e colocam você para baixo, puxando-o para o mesmo nível de inatividade delas. Se você quiser realizar as coisas e ser feliz, não deve ficar com o segundo grupo.

Portanto, junte-se às pessoas positivas e espertas. Aquelas que vêem a vida como um desafio excitante, que vale a pena ser enfrentado e com o qual podem se divertir. Pessoas que têm pontos de vista interessantes, com quem você se sente bem ao conversar, que têm coisas positivas a dizer e sugerir, em vez de ficarem resmungando. O tipo de pessoa que diz que você parece fantástico, em vez de apenas o criticar.

Um pouco antes falamos sobre eliminar os excessos da sua vida – coisas materiais (veja a *regra 39*). Agora é o momento de eliminar algumas pessoas que estão atrapalhando. Vamos dar uma olhada nas pessoas com quem você convive.

Quais delas fazem você:

- Ficar entusiasmado quando as encontra?
- Se sentir capaz de enfrentar qualquer desafio?
- Rir, sorrir e ficar satisfeito com você mesmo?

- Se sentir apoiado, querido e encorajado?
- Se animar com novas idéias, novos conceitos e novas direções?

E com quais você se sente:

- Deprimido depois de vê-las?
- Zangado, desprezado ou criticado?
- Diminuído, como se reprimissem suas idéias e jogassem um balde de água fria nos seus planos?
- Como se não fosse levado a sério?
- Incapaz de conquistar qualquer coisa na vida?

Fique com o primeiro grupo. Deixe de lado as pessoas do segundo – a menos que elas simplesmente estejam passando por um dia ruim (todos temos um de vez em quando). Siga em frente, faça o que tem de fazer. Ah, mas você vai dizer que é cruel dispensar amigos assim, sem a menor piedade. Bem, suponho que sim, mas quero me divertir com meus amigos e não ficar me queixando com eles. Se vejo que é isso que estou fazendo, simplesmente me afasto deles. Não faz sentido conviver com pessoas que não o fazem se sentir bem – a não ser que você goste disso.

"Não faz sentido conviver com pessoas que não o fazem se sentir bem."

REGRA 86

SEJA GENEROSO COM RELAÇÃO A SEU TEMPO E A SEUS CONHECIMENTOS

À medida que você vai ficando mais velho – e provavelmente nem um pouco mais sábio (veja a *regra 2*) –, aprende muitas coisas. Algumas delas serão importantes para outras pessoas, freqüentemente mais jovens que você, mas nem sempre. Compartilhe com elas o que você sabe. Não guarde as informações para você mesmo. Não guarde seu tempo só para você. O que você pode fazer com eles que seja mais importante do que compartilhá-los?

Se você tem um talento ou um dom especial, passe-o adiante. Não quero dizer que você tenha de passar todas as suas noites de folga ensinando a jovens ambiciosos e afoitos tudo o que você sabe.

Mas, se tiver uma oportunidade, aproveite. Recentemente fui convidado a dar uma palestra para um grupo de crianças de seis anos sobre o que é ser um autor. No princípio, pensei: "Mas eu nem sou um autor. Posso apenas me qualificar como escritor." Ser um autor me parecia uma coisa mais grandiosa, fictícia e madura para descrever o que faço. O que eu poderia dizer a crianças de seis anos sobre a maneira como ganho a vida? Entretanto, lembrando-me de minha própria regra, aceitei o convite calorosa e graciosamente. Devo dizer que tive uma das manhãs mais agradáveis, como não acontecia havia muito tempo. As crianças eram simplesmente fantásticas. Fizeram perguntas brilhantes, prestaram atenção, conversaram comigo de uma forma bastante adulta, se mostraram espertas e interessadas e, de um modo geral, se comportaram maravilhosamente. Teria sido muito fácil dizer não. Você nunca sabe o que pode inspirar nos outros, que tipo de chama pode acender, que incentivo pode dar, sem ao menos ter consciência disso.

Esta regra se aplica especialmente ao trabalho. É muito fácil supor que, se é o único que conhece algumas coisas, você está numa posição de superioridade. É fácil acreditar que conhecimento é poder e que você deve reter todas as informações possíveis. Na verdade, as pessoas mais bem-sucedidas na vida sempre buscam transmitir o que sabem, para que os outros possam seguir o mesmo caminho. Porque, se você não agir assim, quem vai substituí-lo? Vai se tornar indispensável em sua função e nunca terá qualquer chance de crescimento.

Se você não estiver passando adiante seus talentos e habilidades, o que está fazendo com eles? Que grandes segredos você descobriu que precisam ser escondidos do resto do mundo? Ou é pura preguiça? Jogadores que seguem as regras dizem sim com a maior freqüência possível, porque transmitir conhecimentos também é uma experiência incrível. E realmente útil. Não pense que o que você conhece não interessa a mais ninguém. Posso garantir que é justamente o contrário, porque, no instante em que você diz sim, se coloca um passo à frente de todos os que dizem não. Isso faz com que você se torne importante, bem-sucedido, decidido e generoso. E isso faz você ser especial.

"Se você tem um talento
ou um dom especial,
passe-o adiante."

REGRA 87

DEIXE-SE ENVOLVER

Deixar-se envolver em quê? Em qualquer coisa (bem, quase qualquer coisa). O que quero dizer é que você deve se interessar pelo que acontece no mundo. Não fique apenas assistindo pela televisão, saia de casa e participe. Muitas pessoas vivem apenas através do que vêem na telinha. Ou vivem a vida de outras pessoas, mesmo que no mundo real (falando mal dos outros e fazendo fofoca). Lá fora existe um mundo imenso, cheio de vida, energia, experiências e excitação. Deixar-se envolver significa sair de casa e fazer parte desse mundo. Assistir à televisão é seguro e confortável. Encarar o mundo pode ser amedrontador, frio e desconfortável. Mas pelo menos você vai perceber que está vivo.

As pessoas sempre se queixam de que a vida passa mais depressa à medida que ficam mais velhas. Mas minha experiência é de que, quanto mais coisas fazemos, mais tempo temos. Se você ficar apenas assistindo à televisão, tardes inteiras podem desaparecer bem diante dos seus olhos.

Deixar-se envolver significa cooperar, contribuir e participar. Não é ficar observando em uma poltrona enquanto outra pessoa vive por você. É arregaçar as mangas, colocar a mão na massa e passar por alguma experiência de verdade. Envolver-se significa se engajar, oferecer ajuda, se voluntariar, transformar um interesse teórico em um interesse real, sair e conversar com as pessoas. Significa se divertir – e de verdade, não com o que passa na televisão. Envolver-se significa ajudar outras pessoas a curtirem mais suas próprias vidas do que fariam sem você.

Percebi que as pessoas bem-sucedidas – é delas que este livro trata, e estou me referindo a pessoas satisfeitas e felizes com suas vidas, não necessariamente as ricas e famosas – têm interesses que não lhes rendem dinheiro nem status. Coisas que fazem por lazer, para ajudar e encorajar os outros.

Essas pessoas se tornam voluntárias, mentoras, conselheiras nas escolas, consultoras de negócios ou se engajam em obras de caridade. Ingressam em grupos, associações e clubes. Elas saem para o mundo, participam e se divertem. Elas fazem diferença e partilham seus interesses. Assistem a aulas noturnas sobre os assuntos mais ridículos. Talvez até riam e façam piada de si mesmas por isso. Talvez às vezes até desejem não terem se envolvido, porque algumas dessas atividades podem, aos poucos, acabar tomando conta de suas vidas. Mas pelo menos elas fazem parte de alguma coisa. Fazem parte do mundo – em um sentido amplo e adequado.

"Deixar-se envolver é arregaçar as mangas, colocar a mão na massa e passar por alguma experiência de verdade."

REGRA 88

MANTENHA UM ALTO NÍVEL MORAL

É muito fácil dizer isso. Difícil é viver de acordo com esta regra. Reconheço como é difícil, mas sei que você consegue. Basta apenas uma mudança de atitude, uma mudança na sua maneira de agir. Não importa quão árduas possam parecer essas tarefas, mas você nunca vai:

- se vingar;
- agir com maldade;
- ficar furioso;
- magoar as pessoas;
- agir sem pensar;
- agir apressadamente;
- ser agressivo.

É só isso, sem concessões. Você vai manter um alto nível moral em todas as ocasiões. Você vai ser honesto, decente, gentil, bom e saberá perdoar, não importa quanto seja provocado. Não importa que desafio lhe façam. Não importa quão injustamente os outros se comportem. Você não vai retribuir do mesmo modo. Você vai continuar sendo gentil, civilizado e agindo de forma irrepreensível. Seu comportamento será impecável. Sua linguagem, moderada e digna. Não há nada que os outros digam ou façam que o desvie disso.

Sim, sei que às vezes pode ser difícil. Eu sei como é duro, quando todos se comportam mal, suportar os golpes e resistir à tentação de revidar, mesmo que apenas verbalmente. Quando as pessoas agem de uma maneira imperdoável, é natural que você também queira atacá-las. Mas não deve fazer isso. Depois que as coisas se acalmarem, você vai se sentir tão orgulhoso por ter mantido um alto nível moral que vai ser mil vezes melhor do que qualquer vingança.

Eu sei que se vingar pode ser tentador, mas você não vai ceder. Nem agora, nem nunca. Por quê? Porque, se o fizer, estará descendo ao nível deles e agindo como os bandidos e não como os mocinhos (veja *regra 9*), vai se rebaixar e se desvalorizar, vai se arrepender e, finalmente, não estará agindo como um jogador que segue as regras. A vingança é para os perdedores. Manter um alto nível moral é a única maneira de proceder. Isso não significa que você seja manipulável ou fraco. Apenas que cada uma de suas ações é honesta, digna e limpa.

> "Você vai se sentir tão orgulhoso por ter mantido um alto nível moral que vai ser mil vezes melhor do que qualquer vingança."

REGRA 89

TENHA UM PLANO PARA SUA CARREIRA

Aonde você pretende chegar em seu emprego? Você tem um plano de ação? Uma meta? Um objetivo modesto? Se não tiver nada disso, é provável que se deixe levar pela correnteza. Se tiver um plano, tem mais chances de chegar aonde quer. E saber aonde quer chegar é 90% da batalha. Significa que você pensou a respeito de sua carreira, que tem consciência de seu futuro e que já está focado em seu objetivo.

Assim que você tiver pensado à frente e decidido aonde quer chegar – não há certo ou errado com relação a seu objetivo, você pode ser tão determinado e ambicioso quanto quiser –, pode começar a planejar as etapas que o levarão até lá. E, assim que tiver determinado que etapas são essas, pode descobrir o que fazer para transformar cada uma delas em realidade. Será que você precisa de mais qualificações? Mais experiência? Mudar de emprego? Modificar seu método de trabalho? Não importa o que seja, você precisa cumprir as etapas. Não fique estagnado. Não fique preso à rotina.

Todos precisamos trabalhar para ganhar a vida. Ficar em casa assistindo à televisão o dia inteiro não é uma opção. O trabalho conserva sua mente ativa e saudável, além de colocá-lo em contato com outras pessoas e oferecer um novo desafio a cada dia. Acredite em mim, ficamos muito melhor trabalhando do que não fazendo nada.

Se você não tem um plano, pode acabar em qualquer lugar. Isso até pode ser excitante, mas duvido que muitas pessoas se tornem felizes e bem-sucedidas por acaso. Você vai ter que se esforçar, e conscientemente. Elaborar um plano faz parte desse esforço. Sei que a sorte exerce um papel crucial na vida de algumas pessoas, mas estas são realmente muito poucas. Se você formular um plano e trabalhar arduamente enquanto espera por um pouco de sorte, isso não significa que ela nunca vá chegar nem que você está proibido de jogar os planos para o alto quando a oportunidade surgir.

Mas, se você planejar e não buscar o próximo objetivo, há uma grande chance de que caia num círculo vicioso de falta de confiança e apatia. Pessoas bem-sucedidas têm energia e entusiasmo – e, quando não têm isso naturalmente, se esforçam para adquirir. Ou, se você preferir acreditar nisso, elas fingem que são assim, mas o próprio fingimento faz com que elas ajam com energia e entusiasmo. Experimente. Realmente funciona.

"Ficar em casa assistindo à televisão o dia inteiro não é uma opção."

REGRA 90

ENCARE SUA COMUNIDADE COMO PARTE DE UM CENÁRIO MAIOR

Todos conhecemos a natureza dos círculos concêntricos. Jogamos uma pedra na água e ela provoca uma série de ondulações. Dizemos alguma coisa e isso se espalha. Tudo o que fazemos também tem conseqüências. Fazemos parte de uma comunidade – grande ou pequena – e nosso comportamento dentro dela gera conseqüências que afetam outras pessoas. Essas pessoas, por sua vez, também estão atirando suas pedrinhas na água e as ondulações que provocam nos atingem. Às vezes temos de nos afastar para ver de fora todas as pedras lançadas e seus círculos concêntricos.

Sua comunidade tem um impacto sobre outras e depende de você – pelo menos em parte – que tipo de impacto vai ser e como irá afetar outras pessoas. Cada um de nós tem de assumir a responsabilidade pela comunidade onde vive. Se ela estiver se comportando de forma inadequada, afetando negativamente outras pessoas, afogando-as com suas ondulações, temos de nos manifestar. Precisamos fazer alguma coisa quando percebemos que nossa comunidade está prejudicando outra.

Não adianta fingir que não está acontecendo nada ou pensar que não temos poder para mudar a situação. Temos, sim. Não adianta esperar que outra pessoa se levante para protestar. Nós temos de fazer isso. Não podemos confiar que os outros tomem todas as decisões por nós, esperando que sejam as corretas. Temos de nos envolver, participar, ser proativos.

Tudo o que nossa comunidade faz – e estou me referindo

tanto ao pequeno vilarejo como à cidade, à capital e até mesmo ao país inteiro – surte efeito na vida das outras pessoas. Se quisermos fechar os olhos aos problemas que essas ações podem causar aos outros, não estaremos enganando ninguém e vamos colher os frutos disso. Temos de assumir a responsabilidade e enxergar o quadro geral. Temos de nos envolver e participar. Temos de ser parte da solução e não do problema.

"Tudo o que nossa comunidade faz surte efeito na vida das outras pessoas."

REGRA 91

PENSE NAS CONSEQÜÊNCIAS DO QUE VOCÊ FAZ PARA GANHAR A VIDA

Assim como o que sua comunidade faz tem um efeito maior, o que você faz para ganhar a vida também tem suas conseqüências. Não é seguro, responsável ou ético não pensar a respeito do nosso trabalho e que efeitos ele pode provocar. Não estou questionando o que você faz. Essa é uma questão só sua. Como escritor, tenho plena consciência de que muitas árvores podem morrer jovens por minha causa. Em compensação, há o efeito positivo provocado (assim espero) pelo que escrevo e as pessoas que conseguem seus empregos em conseqüência do fato de que eu escrevo. Mas não tenho qualquer controle sobre suas condições de trabalho, então não sou responsável por nada disso. Ou sou?

No meu caso, então, são árvores mortas, a eletricidade que gasto em meu escritório e a poluição causada pelos caminhões que distribuem os livros, só para listar alguns dos subprodutos gerados enquanto fico aqui sentado digitando. E no seu? Você gerou algum lixo tóxico ultimamente? Projetou um sistema de mísseis teleguiados? Desmatou uma floresta tropical inteira? Ou seu trabalho gera um serviço ou produto essencial, torna as pessoas mais felizes, mais ricas ou bem-sucedidas?

O que fazemos para ganhar a vida acarreta conseqüências. Podemos trabalhar em uma indústria que aumenta a poluição, causa danos, é desagradável e ruim. Ou podemos trabalhar para ajudar os outros, e beneficiar as pessoas. Reconhecer que nosso trabalho tem um efeito – seja bom ou ruim – não significa que temos de jogar tudo para o alto imediatamente e trocar de emprego. Nem que temos o direito de relaxar e pensar que estamos agindo bem só porque trabalhamos em uma empresa socialmente responsável.

Todo emprego e toda indústria têm ramificações – boas e más. Tudo o que fazemos no trabalho pode causar um grande benefício ou provocar danos. Temos de avaliar bem e verificar como nos sentimos em relação a isso. E, se estivermos infelizes, podemos mudar de emprego, mas não devemos agir precipitadamente, porque há uma grande chance de que possamos modificar as coisas de dentro para fora.

Trabalhei por um tempo em uma indústria onde percebi que havia algumas coisas um pouco suspeitas, então comecei a perguntar: "O que poderia nos acontecer se a imprensa soubesse disso?" Eu não estava delatando nem fazendo oposição, apenas perguntando. Mas consegui fazê-los notar que aquilo ultrapassava uma linha muito tênue. Talvez você possa fazer a mesma coisa. Ou talvez possa usar sua influência e suas ações para, lentamente, mudar as coisas para melhor.

"Como escritor, tenho plena consciência de que muitas árvores podem morrer jovens por minha causa."

REGRA 92

SEJA BOM NO QUE FAZ

A maneira como agimos no trabalho tem um efeito sobre nossos colegas. Precisamos de padrões – e temos de ser fiéis a eles, é claro. Temos de ser éticos, decentes, honestos e dignos de confiança. Mas vou lhe dar mais algumas dicas que o ajudarão a ser fantasticamente bem-sucedido.

- Considere seu trabalho importante e o execute da melhor maneira que puder. Não fique estagnado, mas aprenda o tempo todo, mantenha-se bem-informado sobre sua indústria e novas descobertas. Faça hora extra quando precisar, mas não mostre que trabalha demais – uma atitude mais tranqüila lhe garante mais respeito.
- Fique sempre atento a formas de melhorar a situação de todos e não somente a sua. Pense como “nós” em vez de “eu”. Você faz parte de uma equipe e deve participar dela efetiva e eficientemente.
- Tente espalhar um pouco de felicidade à sua volta. Não fale mal dos outros. Defenda os oprimidos. Elogie as pessoas sinceramente. Não se envolva em fofocas. Guarde sua opinião e mantenha-se um pouco distante. Assim vai ser mais fácil ser promovido.
- Vista-se com elegância e tente causar uma boa impressão. Mantenha padrões elevados e seja pontual. Não durma sobre a escrivaninha, não roube canetas nem procure seu amor no emprego. Você está lá para trabalhar, portanto faça isso.

- Seja gentil com seus colegas, eles estão tão perdidos quanto você já esteve. Dê a eles um pouco de tempo, espaço e uma chance. Use seu exemplo para encorajá-los. Sirva de modelo para os funcionários mais jovens. Tente entender o ponto de vista do seu chefe e ver as coisas a partir da perspectiva da empresa.
- Entenda a política do dia-a-dia do escritório – não se envolva, naturalmente – e a use em seu benefício. Não tenha medo de assumir novas responsabilidades ou de se apresentar como voluntário (mas saiba exatamente para que está se oferecendo). Ninguém ganha nada se escondendo. Sinta orgulho de ser eficiente.
- Conheça seus limites. Saiba dizer "não" e mantenha-se firme. Não deixe ninguém tirar vantagem de sua boa natureza. Seja firme sem ser agressivo.
- Goste do que faz. Tenha paixão por seu trabalho. Divirta-se com ele.

"Temos de ser éticos, decentes, honestos e dignos de confiança."

REGRAS PARA O MUNDO

Você vai perceber que há uma certa gradação aqui. Nas regras para os relacionamentos vimos que é preciso dar mais valor às coisas que você e seu parceiro têm em comum do que às diferenças. Isso também se aplica a uma escala muito maior. Em termos mundiais, somos todos humanos e vivemos juntos neste planeta maravilhoso. Temos todos muito mais coisas em comum do que diferenças, embora nem sempre nos pareça ser assim.

Todos ocupamos um pedaço da Terra. Em grande escala, sempre há diferenças – alguns lugares são ensolarados, outros são frios; alguns são secos, outros úmidos. Mas ainda assim lutamos para ver quem tem o pedaço maior, melhor, mais seco, as terras que têm mais petróleo, as áreas menos povoadas. Isso é muito triste. Se não aprendermos a compartilhar, toda a terra será confiscada e nenhum de nós vai receber nada de volta.

E, o pedaço de terra que temos, deixamos bastante sujo – tanto em pequena como em grande escala. E não é apenas a terra – também encontramos uma quantidade espantosa de dejetos para jogar nos rios e montes de lixo tóxico para despejar nos oceanos. Os mares nos dão alimento, e, mesmo assim, nos esforçamos para deixá-los tão poluídos a ponto de não podermos tomar banho neles. Lançamos neles nossos esgotos sem qualquer tratamento. Que tipo de mensagem estamos transmitindo para a vida marinha?

E depois, se não estamos brigando pela terra ou fazendo a maior sujeira no pedaço que é nosso, entramos em conflito por causa de nossas crenças – que sentido há nisso? Meu deus é maior, mais poderoso, mais mágico e mais onipresente do que o seu?

É basicamente disso que tratam as Regras para o Mundo. Limpar o que sujamos. Tentar ficar amigo dos outros. Aprender a compartilhar e a pôr as coisas em ordem. Não sermos brigões.

Por favor, sinta-se à vontade para pular estas regras se tiver um lugar melhor para onde ir, outro planeta onde se abrigar quando este ficar muito ruim.

REGRA 93

TENHA CONSCIÊNCIA DOS DANOS QUE PROVOCA

Por enquanto, esta regra não significa que você tenha de fazer alguma coisa. Apenas que você tem de tomar uma decisão consciente de avaliar o que está fazendo para o meio ambiente e para o mundo e se está agindo bem ou mal. Depois dessa avaliação, você pode decidir mudar seu comportamento. Ou não, porque resolveu não se importar ou porque acredita que já é bastante ecológico e que não precisa melhorar.

Eu disse que você não precisa fazer alguma coisa por enquanto porque é muito fácil se jogar de cabeça sem antes avaliar todos os fatos. Você precisa saber se as mudanças que quer fazer vão tornar as coisas melhores ou piores. Por exemplo, quando meu filho mais novo nasceu, eu estava seriamente preocupado com as notícias sobre os danos ambientais provocados pelas fraldas descartáveis. Aparentemente, elas levam 500 anos para se decompor. Mas as fraldas de pano precisam ser lavadas, e isso implica uma grande quantidade de eletricidade, sabão, água, etc. Há quem diga que as duas são igualmente ruins em relação aos danos ao meio ambiente. O problema é que você vai ter de usar uma delas, ou pode acabar estragando seus tapetes...

Você também pode avaliar que tipo de carro dirige, que tipo de aquecimento utiliza em sua casa, como viaja nas férias (os aviões não são tão legais para o meio ambiente como dizem), se vai reciclar ou não, se outra pessoa pode usar o que você não quer mais – esse tipo de coisa. Vou deixar os detalhes por sua conta (Deus me livre de começar a dar lições sobre esse assunto), mas é bom estar consciente e tentar reduzir ao mínimo os danos que estiver provocando.

E isso nos traz de volta para o grande tema que é a base de todas estas regras: precisamos atravessar a vida com os olhos abertos, conscientes do que estamos fazendo e dos efeitos que provocamos sobre o meio ambiente ou sobre as outras pessoas que nos cercam. Não precisamos nos tornar piegas, mas temos de pensar um pouco nas conseqüências de nossos atos.

O tempo da acomodação já passou e é hora de considerarmos cuidadosamente o impacto que provocamos. E então poderemos empreender pequenas mudanças para melhorar um pouco as coisas. Se cada um de nós fizer uma pequena parte, juntos faremos uma grande diferença.

"Não precisamos nos tornar piegas, mas temos de pensar um pouco nas conseqüências de nossos atos."

REGRA 94

TRABALHE PARA A GLÓRIA, E NÃO PARA A DEGRADAÇÃO

Podemos trabalhar pela glória da humanidade ou lançá-la na degradação. Shakespeare, por exemplo, trabalhou pela glória. Um ponto de vendas de drogas nos lança na degradação. Uma festa junina está do lado da glória, roubar a carteira de alguém está do lado da degradação.

Qualquer coisa que nos torne maiores, que nos leve a buscar a perfeição, que melhore nossa personalidade ou caráter, que nos desafie e excite de uma maneira boa, que nos faça superar nossa natureza está do lado da glória.

De que lado você quer estar? Da glória ou da degradação? É lógico que vai preferir a glória. Meu medo é que você pense que esta regra se trata apenas de ser bom, porque isso não é muito bem visto atualmente. Passamos a vida escutando que ser bom é ruim, uma coisa para os tolos, para os humildes e fracos ou para pessoas extremamente submissas. Não são muitas as pessoas que querem ser boas hoje em dia. Na escola, quando você tentava ser bom, acabava apanhando. No trabalho, se você tenta ser bom, é chamado de puxa-saco.

Bem, ser uma pessoa boa, trabalhar pela glória é um assunto particular. Você não precisa contar para ninguém. Se você mantiver a discrição, estará sendo bom. Se ficar se gabando, passa a ser um chato. Se interferir na vida dos outros e tentar fazer com que se tornem bons, passa a ser um intrometido. Simplesmente tome a decisão de que vai trabalhar pela glória e não diga nada a ninguém.

"Simplesmente tome a decisão
de que vai trabalhar pela
glória e não diga nada
a ninguém."

REGRA 95

SEJA PARTE DA SOLUÇÃO, E NÃO DO PROBLEMA

Isso significa muito mais do que ser bom ou trabalhar pela glória, e não pela degradação. Esta regra se refere a uma ação positiva. Se não fizermos alguma coisa, este mundo, este nosso fabuloso planeta, vai acabar sendo levado para o inferno em um carrinho de mão. Outro dia, li um artigo sobre a Ilha de Páscoa e como sua história poderia ser utilizada como uma perfeita metáfora para nossa infeliz situação.

A Ilha de Páscoa foi colonizada por um grupo de polinésios há mais ou menos 500 anos. Eles encontraram uma ilha cheia de animais silvestres e com uma grande quantidade de árvores. Em poucos anos, eles tinham acabado com os animais e cortado todas as árvores. Além disso, poluíram os rios e estavam à beira da extinção. A única coisa que os salvou foi o turismo.

A Terra não recebe turistas. Não vai aparecer ninguém para nos ajudar e tirar uma fotografia nossa. Todos temos de fazer parte da solução desde agora e parar de aumentar a destruição e o problema. E começamos a fazer parte da solução quando nos levantamos e resolvemos participar. Vamos acabar com o problema quando pararmos de dizer “Eu estava apenas cumprindo o meu dever” ou “Fazia parte do meu trabalho”. Temos de acabar com essas coisas sem sentido agora mesmo ou vamos virar um vasto parque de diversões para os alienígenas – que não chegarão nunca.

Então a regra é procurar maneiras de contribuir pessoalmente para encontrarmos a solução. Temos de participar, nos envolver, descobrir soluções e realizar as ações necessárias. Se você quer que sua vida seja correta, boa, bem-sucedida e que tenha algum significado, então você tem que, de alguma forma, retribuir ao mundo tudo que ele lhe dá. Você tem de investir na vida e com isso mostrar que se importa e quer que as coisas melhorem.

"Se não fizermos alguma coisa,
este mundo, este nosso
fabuloso planeta, vai acabar
sendo levado para o inferno
em um carrinho de mão."

REGRA 96

PENSE NO QUE A HISTÓRIA VAI DIZER SOBRE VOCÊ

O que a história vai dizer sobre você? Qual você acha, no fundo de seu coração, que vai ser seu epitáfio depois que morrer? Não me refiro ao que estará gravado em seu túmulo, mas escrito em algum grande registro cósmico. Pessoalmente, acho que não vou merecer sequer uma nota de rodapé. Mas, se eu for lembrado, gostaria que a história registrasse que me esforcei, que tentei ao máximo fazer alguma diferença. Que eu defendi as coisas em que acreditava, que fui participativo e lutei pelos meus direitos. Gostaria que a história dissesse, quem sabe, que eu simplesmente permaneci de pé – acho que isso já seria o suficiente.

E você, meu amigo, o que gostaria que fosse escrito a seu respeito? O que você *acha* que a história vai dizer sobre você? O que você *gostaria* que a história dissesse? Existe um abismo entre essas duas coisas? Você é capaz de construir uma ponte sobre ele? O que você precisa fazer para que esse abismo desapareça? Pense no que a história vai dizer sobre você e sobre seus feitos.

Temos de nos importar, se pretendemos ser bem-sucedidos, que os que vierem depois de nós herdem um mundo melhor do que nós encontramos. Você se lembra de todos aqueles livros sobre auto-suficiência que foram sucesso na década de 1970?*

---

*Sim, também me venderam o sonho e eu me mudei para o campo para produzir meu próprio iogurte, andar de sandálias e comer lentilhas. Mas não durou muito, pelo menos para mim.

Um ponto-chave que todos tinham em comum era que, se você tivesse um pedaço de terra, deveria usá-lo melhor do que a pessoa que o possuíra antes de você. O mesmo vale para o mundo. Temos de fazer um esforço consciente para melhorá-lo antes de partir. Temos de aceitar a responsabilidade pelo que recebemos e usá-lo de uma forma um pouco melhor que nossos antecessores, antes de passá-lo adiante.

Como iremos apontar para os oceanos poluídos, para os rios secos, para as calotas polares derretidas e dizer a nossos filhos: "Um dia isso tudo vai ser seu – ah, sinto muito pelo que fizemos com eles." Acho que eles vão ficar um tanto zangados conosco. É possível que a história se refira a nós como o "povo-cupim". Nós destruímos, poluímos, massacramos e apresentamos um espetáculo em geral muito triste. Mas, individualmente, podemos fazer uma diferença. Temos a obrigação de fazer isso. A história poderá nos responsabilizar individualmente.

O problema é que muita gente não vai mudar, porque não acha que será responsabilizada. É o tipo de gente que acha que pode cometer um assassinato impunemente, desde que não haja testemunha. A história certamente vai julgá-los de forma muito severa.

"É possível que a história
se refira a nós como
o 'povo-cupim'."

REGRA 97

MANTENHA SEMPRE OS OLHOS ABERTOS

As florestas tropicais da América do Sul e de outros lugares estão sendo devastadas com uma rapidez alarmante. Os países continuam guerreando uns contra os outros ou contra seu próprio povo, fazendo uso de armas que lhes são vendidas por países mais ricos. As pessoas morrem de fome porque seus líderes estão ocupados demais tirando todo o dinheiro que podem do país e enchendo seus próprios bolsos. Acontecem inundações porque a terra foi mal utilizada e muitas casas foram construídas em lugares inapropriados, para dar lucro às companhias imobiliárias. A poluição se espalha por todo o mundo. As coisas não estão ficando piores, elas sempre foram ruins, mas estamos contribuindo muito mais para o desastre. Cada um de nós pode fazer sua pequena parte. Mas, juntos, é possível realizar grandes coisas.

Individualmente, podemos começar conhecendo a origem do que compramos, de onde vem, como foi fabricado, quem manufaturou, sob que condições foi colhido, feito, preparado ou plantado. Todos podemos fazer um pouco, apenas boicotando os produtos de países que não agem da maneira correta. Todos podemos insistir com nossos deputados e senadores para modificar a legislação. Precisamos ter voz para fazer com que ela seja ouvida. Temos de ser conscientes de onde e como vivemos.

Olho para coisas como torres de transmissão e penso que nunca moraria embaixo ou perto delas. Não fico nem um pouco surpreso quando surgem artigos dizendo que elas são um perigo para a saúde pública e as pessoas que moram perto delas ficam apavoradas. No que elas estavam pensando para ir morar justamente ali?

O que elas achavam que as torres trariam para suas vidas? Sinto muito se parecer que estou criticando as vítimas, não é essa minha intenção, mas fico constantemente espantado pela forma como as pessoas parecem estar adormecidas e então despertam de repente querendo saber o que está acontecendo com elas. Assuma o controle. Assuma a responsabilidade. E apague as luzes de um cômodo quando não houver ninguém nele.

"Juntos, é possível realizar grandes coisas."

REGRA 98

NEM TUDO PODE SER VERDE

Há pouco tempo ouvi falar de um cara que inventou um par de sapatos que recarrega a bateria de seu celular enquanto você caminha. Brilhante. Eu quis comprar um par, mas todos pareciam botas de excursionistas – desenhados para áreas onde não é possível ligar o carregador, como florestas e desertos. Vou comprar um par quando fizerem um modelo social. Nem tudo pode ser verde. Nem todo mundo pode ser tão orgânico e ecologicamente correto como gostaríamos.

Tudo bem, já falei o bastante sobre o estado em que deixamos o mundo e as coisas que estamos fazendo com ele. Agora vou lhe dar uma pequena escapatória. Nem tudo pode ser verde. É preciso que haja produtos industriais. Um pouco de poluição é inevitável. Alguns danos são imprescindíveis. Somos muitos – bilhões de seres humanos têm de provocar algum impacto no planeta – e todos temos de viver. Sempre haverá alguns danos. Nossa função é reduzi-los o máximo possível, mas é irreal tentar eliminá-los completamente. É tudo uma questão de equilíbrio, de prioridades.

É impraticável exigir a imediata extinção de todos os veículos motorizados do mundo. Isso simplesmente não vai acontecer. Mas podemos fazer a nossa parte, comprando carros que usem menos combustível, que emitam gases mais limpos, que utilizem materiais recicláveis em sua construção. Mas eles não serão totalmente ecológicos, simplesmente não podem ser.

Todos podemos acorrer às zonas onde tiver acontecido algum desastre para ajudar as vítimas, mas teremos de ir de avião, e esse tipo de transporte emite grandes quantidades de gases poluentes. Você terá de fazer escolhas o tempo todo. Ir de carro para o trabalho, usar o aquecedor, escolher o tipo de roupa que vai usar e o que vai comer. Não podemos esperar que todos sejam tão "verdes" como gostaríamos que fossem; nem que todas as coisas sejam tão ecológicas.

Se todos conseguirmos reduzir um pouco a poluição, já ajuda. Se todos tivermos consciência do que estamos fazendo, as coisas ficarão melhores. Mas não podemos esperar a perfeição. Não podemos modificar tudo da noite para o dia. Se você estiver tentando viver de forma ecologicamente correta a ponto de ficar muito estressado e sofrer por causa disso (se você tentar comprar comida ou artigos de limpeza e se recusar a adquirir qualquer coisa que venha em embalagem plástica, vai perceber o que quero dizer), então pare. Faça um esforço, mas aceite que as coisas nunca serão perfeitas. Desde que se tente fazer alguma coisa, sempre será uma ajuda.

"Nem todo mundo pode ser tão orgânico e ecologicamente correto como gostaríamos."

R E G R A 99

RETRIBUA AO MUNDO DE ALGUMA FORMA

Realmente acredito que nenhum de nós pediu para nascer e que este mundo não tem obrigação de nos sustentar nem de nos dar coisa nenhuma. Justamente por isso estamos tão em dívida com ele. Tudo bem, não temos escolha sobre estar aqui, uma vez que *chegamos*, recebemos comida e água, nos distraíram e divertiram, fomos desafiados e educados, surpreendidos e respeitados. Tudo que existe por aqui está à nossa disposição. Podemos fazer praticamente tudo o que quisermos. Podemos tirar do mundo tudo o que ele tem a oferecer. E ele oferece uma variedade espantosa de coisas.

Podemos pegar, pegar e pegar. Não há nada que nos proíba. Mas o que quero dizer é que vamos dormir melhor à noite se retribuirmos ao mundo de alguma forma. Depois do espetáculo, seja um dos voluntários na faxina.

Seja generoso com tudo. Seja generoso até mesmo com sua generosidade. Você não precisa dar dinheiro, apenas seu tempo e sua atenção. Se você tiver um talento especial, use-o para ajudar os outros de alguma maneira. Se tiver recursos, empreste-os a quem precisa. Se tiver poder para mudar as coisas para melhor, aproveite-o. Se tiver influência, utilize-a.

E se não tiver? Tenho certeza de que todos podemos fazer alguma diferença, por menor que seja. Temos que procurar com muita atenção, usar a imaginação ou ser criativos ao definir o que é "retribuir de alguma forma".

Nem todos precisamos nos engajar em obras de caridade ou

ser missionários, mas podemos ajudar uma criança necessitada. Não precisamos transformar nossa casa em um abrigo para os sem-teto, mas podemos reservar uma área para a vegetação nativa em nosso jardim. Não temos de aderir totalmente à moda orgânica, mas podemos reciclar um pouco mais ou simplesmente fazer algumas perguntas sobre as companhias cujos produtos compramos.

Todos temos de nos perguntar: "Este mundo se tornou mais rico porque estou nele? Eu o transformei em um lugar melhor do que era quando cheguei? Fiz diferença na vida de alguém? Retribuí ao mundo de alguma forma?"

"Vamos dormir melhor à noite se retribuirmos ao mundo de alguma forma."

R E G R A 100

DESCUBRA UMA NOVA REGRA TODOS OS DIAS – OU PELO MENOS DE VEZ EM QUANDO

Então é isso – 99 regras para uma vida mais feliz e bem-sucedida. Mas não pense que é só isso. Não há tempo para descansar. Jogadores que seguem as regras não param para tomar um cafezinho. Assim que pensar que já aprendeu tudo, vai ver como está enganado. Você tem de seguir em frente. Tem de ser inventivo, criativo, imaginativo, cheio de recursos, original. Esta última regra tinha que ser sobre a necessidade de pensar em novas regras, de não parar nunca, de continuar a desenvolver este tema, acrescentando, melhorando, evoluindo, crescendo e modificando estas regras. Elas são apenas um ponto de partida. Não são nenhuma revelação, apenas um lembrete. São as regras iniciais para que você siga em frente.

Tentei evitar regras banais (O tempo cura tudo), engraçadinhas (Nunca mostre nada a quem não estiver olhando), impraticáveis (Ame todas as pessoas), sem sentido (Ofereça a outra face – desse modo você apanha duas vezes, é melhor sair correndo), bobas (Todo mundo é um arco-íris), obviamente erradas (Não existem vítimas) ou muito, muito difíceis (Passe 35 anos em uma caverna e descobrirá o segredo do universo). Também evitei mediocridades batidas (Amanhã tudo vai ficar bem – minha experiência diz que isso nunca funciona) ou conselhos maldosos (Não se zangue, se vingue).

Espero que você siga um caminho semelhante ao formular novas regras. O principal é que você as descubra continuamente.

Quando aprender alguma coisa – através da observação ou em um momento de iluminação –, absorva a lição e veja se pode tirar dela uma regra para o futuro.

Tente encontrar uma nova regra todos os dias – ou pelo menos de vez em quando. E estou sendo sincero ao dizer que quero saber o que você descobriu – se quiser compartilhar comigo. Ser um jogador que segue as regras é muito divertido, e é fascinante tentar localizar outros jogadores. Seja lá o que você fizer, não conte para todo mundo.

Ser um jogador que segue as regras requer dedicação, um grande esforço, perseverança, argúcia, ambição, entusiasmo, devoção e persistência. Trabalhe nisso e terá uma vida realizada, feliz e produtiva. Mas não exija demais de você mesmo. Todos fracassamos às vezes e ninguém é perfeito – eu tenho certeza de que não sou. Divirta-se, goze a vida e seja bom para os outros.

"Estas regras são apenas um ponto de partida para que você siga em frente."

INFORMAÇÕES SOBRE OS PRÓXIMOS LANÇAMENTOS

Para receber informações sobre os lançamentos da EDITORA SEXTANTE, basta enviar um e-mail para atendimento@esextante.com.br ou cadastrar-se diretamente no site www.sextante.com.br

Para saber mais sobre nossos títulos e autores, e enviar seus comentários sobre este livro, visite o nosso site: www.sextante.com.br

EDITORA SEXTANTE
Rua Voluntários da Pátria, 45 / 1.404 – Botafogo
Rio de Janeiro – RJ – 22270-000 – Brasil
Telefone: (21) 2286-9944 – Fax: (21) 2286-9244
E-mail: atendimento@esextante.com.br